AF231729

LA
COLONISATION EN INDO-CHINE

RÉCEPTION

DE M. P. BEAU, GOUVERNEUR GÉNÉRAL DE L'INDO-CHINE

le 28 Octobre 1905

RAPPORT DE M. ULYSSE PILA

Séance du 7 Décembre 1905

DÉLIBÉRATION DE LA CHAMBRE

LYON

IMPRIMERIE A. REŸ & Cⁱᵉ

4, RUE GENTIL, 4

1905

LA
COLONISATION EN INDO-CHINE

RÉCEPTION

DE M. P. BEAU, GOUVERNEUR GÉNÉRAL DE L'INDO-CHINE

le 28 Octobre 1905

RAPPORT DE M. ULYSSE PILA

Séance du 7 Décembre 1905

DÉLIBÉRATION DE LA CHAMBRE

LYON

IMPRIMERIE A. REY & Cⁱᵉ

4, RUE GENTIL, 4

—

1905

LA
COLONISATION EN INDO-CHINE

RÉCEPTION

DE M. P. BEAU, GOUVERNEUR GÉNÉRAL DE L'INDO-CHINE

le 28 Octobre 1905

RAPPORT DE M. ULYSSE PILA

Séance du 7 Décembre 1905

DÉLIBÉRATION DE LA CHAMBRE

La Chambre s'est fait une tradition de recevoir les Gouverneurs généraux de l'Indo-Chine. Elle a donc prié M. Beau, Gouverneur général de cette colonie, de lui faire l'honneur, avant son retour dans son Gouvernement, d'assister à une séance solennelle, tenue à son intention, et dans laquelle lui seraient exprimés les vues et les desiderata de la Chambre concernant le régime d'une colonie où les intérêts lyonnais sont si considérables.

M. Beau a bien voulu se rendre, le 28 octobre, à la séance que la Chambre a tenue dans son grand salon, sous la présidence de M. Aug. Isaac, assisté de M. Ed. Aynard, président d'honneur, député du Rhône, et de tous les autres membres de la Chambre de commerce.

M. le président ISAAC, après avoir ouvert la séance, s'est exprimé en ces termes :

Messieurs,

Vous avez été convoqués à cette séance exceptionnelle pour souhaiter la bienvenue à M. le Gouverneur général de l'Indo-Chine qui a bien voulu venir à Lyon. Dans le projet que nous avions formé tout d'abord, M. Beau devait s'arrêter à Lyon en retournant prendre possession de son poste ; il devait s'embarquer à Marseille demain. Les circonstances le retiennent à Paris une quinzaine de plus et M. le Gouverneur de l'Indo-Chine a consenti néanmoins à ne rien changer à notre projet primitif, en venant passer cette journée au milieu de nous et en nous permettant de le recevoir comme nous avons eu l'honneur de recevoir ses prédécesseurs. En votre nom, je le remercie sincèrement du double voyage qu'il s'est imposé pour nous être agréable.

Ce n'est pas à la Chambre de commerce de Lyon qu'il faut démontrer tout l'intérêt que notre ville prend aux choses de l'Indo-Chine ; M. le Gouverneur sait que le commerce de Lyon s'est de tout temps intéressé aux choses de l'Asie. Cet intérêt découle naturellement de l'importance qu'a le commerce des soies dans notre région et de l'importance que tous les pays de l'Extrême-Orient prennent, non seulement dans nos approvisionnements soyeux, mais dans nos affaires générales. Je pourrais ajouter que l'intérêt que nous avons pris aux choses de l'Indo-Chine se rattache aussi à cet intérêt plus général que Lyon a, de tout temps, pris aux questions coloniales. Nous avons la réputation d'être une Chambre de commerce coloniale ; cette réputation est méritée, bien qu'elle puisse surprendre au premier abord. Nous n'avons pas pour cela les mêmes motifs qu'une Chambre de commerce maritime, que celle par exemple de Marseille, dont je suisheureux, en passant, de saluer ici l'ancien vice-président, M. J. Charles-Roux, le dévoué et distingué Président de l'Union coloniale qui a bien voulu accompagner M. Beau dans son voyage à Lyon.

Mais si nous n'avons rien de maritime, si nous ne sommes que de vulgaires « terriens », nous avons une nature d'affaires qui ne nous permet pas de rester confinés dans le cercle limité du commerce local ou régional. De générations en générations, nous sommes habitués à regarder au delà de nos frontières, même au delà des mers. Des observateurs superficiels nous croient très provinciaux, très routiniers, très casaniers et très peu audacieux. C'est là une complète erreur. Le Lyonnais sort de chez lui plus souvent qu'on ne croit. Il aime les voyages, même lointains, sans qu'on le sache, et il n'aime guère en vérité qu'on le sache et qu'on s'occupe de ce qu'il fait. C'est là son trait distinctif.

Il est quelquefois plus que voyageur, il est explorateur ; comment donc pourrait-il ne pas être colonial, étant de souche commerciale et d'humeur voyageuse ? Il est donc colonial, il l'est parfois jusqu'à l'enthousiasme. Il a la foi, la foi agissante, et il se fait apôtre. Il prêche d'exemple en aventurant ses capitaux dans des entreprises qui ne sont pas toutes des placements de père de famille. Il se mêle d'entraîner les autres avec lui dans ces aventures. Il donne à sa façon des leçons de colonisation. C'est ainsi que notre Chambre a lancé en 1894 l'idée d'une vaste exposition coloniale lyonnaise qui fut une leçon de choses pour tous les bons Français de l'intérieur qui vinrent y apprendre ce qu'était ce fameux empire colonial de la République conquis depuis plus de trente ans, dont tout le monde parlait en bien ou en mal, plutôt en mal qu'en bien, et qu'il fallait enfin organiser d'une façon pratique et profitable. Le tableau des choses coloniales que nous avons présenté en 1894 à nos concitoyens a servi à dissiper bien des ignorances, à fixer bien des idées, à suggérer bien des tentatives nouvelles. Notre bonne sœur de Marseille a entrepris tout récemment la même œuvre. Elle y réussira, nous en sommes convaincus, puisque son éminent concitoyen, M. J. Charles-Roux a bien voulu se mettre à la tête de cette nouvelle exposition coloniale.

Notre esprit de propagande coloniale ne s'est pas seulement manifesté dans l'organisation d'une exposition : il s'est montré plus audacieusement encore en formant cette grande mission en Chine de 1895-1896 dans laquelle nous avons entraîné d'autres Chambres, de Marseille à Lille et de Lille à Bordeaux. Puis, au retour de cette mission, nous avons pensé qu'il était nécessaire de donner un caractère permanent à notre propagande en organisant auprès de nous, sous notre toit, un enseignement colonial de toutes pièces, chargé d'entretenir le feu sacré chez nos enfants, d'ouvrir leur esprit aux curiosités exotiques, de développer en eux le goût des vastes horizons commerciaux. Cet enseignement ne s'adresse pas seulement aux jeunes gens fortunés qui ont fait de bonnes études. Il s'adresse aussi, il s'adresse plutôt à ces fils de la démocratie laborieuse qui, tout en étant obligés de débuter dans la vie avec un emploi modeste et terre à terre, rêvent de sortir du cercle étroit de leur vie provinciale pour aller conquérir au loin des situations plus brillantes.

Si nous aimons à faire les choses de nous-mêmes, nous aimons aussi à nous sentir encouragés d'une façon efficace par ceux qui représentent avec autorité dans notre pays l'expansion coloniale. Et c'est pourquoi nous ne sommes pas ingrats envers le gouvernement général de l'Indo-Chine, nous lui avons, au contraire, voué une vive reconnaissance pour la générosité avec laquelle il nous a permis de constituer notre budget de l'enseignement colonial. D'autres gouverneurs de colonies nous ont prodigué des encouragements précieux, mais purement moraux ; le prédécesseur de M. Beau et M. Beau lui-même ont fait mieux, beaucoup mieux, ils nous ont inscrits en bonne place sur leur propre budget, et c'est ainsi que la langue chinoise a pu devenir une des bases de notre enseignement colonial. D'aucuns auraient pensé que cette langue, d'une difficulté si effrayante pour nos oreilles et nos yeux d'Européens, n'aurait guère trouvé d'étudiants. C'est le contraire qui s'est passé. Notre cours de chinois est un des plus suivis. Il a conquis des élèves, non seulement parmi les jeunes gens qui veulent aller chercher fortune en Indo-Chine ou dans l'Empire du Milieu, mais même parmi de simples amateurs qui ne quitteront probablement jamais la France, mais qui ont été fascinés par le mystère de l'Orient, si bien qu'il existe depuis deux ans dans notre ville une Société savante de plus, une Société de sinologues qui sont les anciens élèves du cours de M. Courant.

Je suis donc particulièrement heureux, Monsieur le Gouverneur général, de vous renouveler verbalement l'expression de notre gratitude pour le rôle considérable que vous voulez bien faire jouer par l'Indo-Chine dans l'histoire et le développement de notre enseignement colonial. Vous ne demandez pas que je vous en trace ici tout le programme. Il vous suffira de savoir que notre septième année vient de s'ouvrir et que le nombre de nos élèves est plus grand que jamais.

Tous n'iront pas aux colonies, parce qu'ils n'ont pas tous l'ensemble des qualités requises pour y réussir, mais ils deviendront tous des coloniaux convaincus. Ils aimeront à étendre leur pensée en dehors de la sphère d'action de l'ordinaire commerçant métropolitain. Ils contribueront à former cette atmosphère coloniale qui est nécessaire à la vitalité économique d'une grande nation. Ils auront des connaissances spéciales qui leur permettront d'initier leurs compatriotes aux choses qu'on ignore trop ; ils dissiperont des préjugés, de vaines terreurs.

Pour mettre nos colonies en valeur, deux choses sont essentielles : les capitaux et les hommes. Les premiers prendront plus facilement le chemin de nos possessions lointaines, lorsque le public sera mieux instruit des chances de rémunération qui les attendent. Les seconds auront plus de valeur lorsqu'ils se décideront à émigrer, non pas sous l'impulsion d'une fantaisie de jeunesse, mais après une étude attentive des conditions physiques, économiques, ethnologiques, dans lesquelles ils devront rechercher le succès.

Encore une fois, Monsieur le Gouverneur général, je vous remercie de la part que vous prenez au maintien de cet enseignement. Nous nous félicitons d'avoir pu vous en entretenir de vive voix.

Mais ce n'est pas l'unique sujet qui mérite de nous retenir aujourd'hui. Entre vous et nous, il y a place pour un échange de vues pratiques sur la situation actuelle et l'avenir de la belle colonie dont vous avez accepté le Gouvernement. Nous avons sur l'Indo-Chine des idées que nous vous demanderons la permission de vous exposer. Vous en avez d'autres, nous n'en doutons pas, que vous serez peut-être heureux de nous faire connaître pour confirmer ou rectifier les nôtres. C'est ainsi que nous pourrons donner à cette séance le caractère d'une discussion pratique et fructueuse. Nous ne sommes pas tous ici également compétents en cette matière. L'étude des questions coloniales est réservée à une de nos Commissions. Elle a pour Président un de nos collègues dont la compétence vous est bien connue : M. Ulysse Pila. C'est vers lui que nous nous tournons instinctivement toutes les fois qu'il est question de l'Indo-Chine, de la Chine ou du Japon. Depuis de longues années il suit tout ce qui s'y passe avec une attention et une passion soutenues. Ses intérêts personnels, ses voyages, la direction d'entreprises importantes en Extrême-Orient lui donnent une autorité qu'aucun de nous n'oserait lui disputer. Je ne puis donc mieux faire, pour entamer la conversation, que de le prier de prendre dans un instant la parole.

M. Beau a répondu en ces termes au discours de M. Isaac :

Je ne voudrais pas laisser s'écouler un instant avant de répondre aux aimables paroles qui viennent de m'être adressées.

J'ai écouté avec le plus vif intérêt, Monsieur le Président de la Chambre, bien que cela ne fût pas nouveau pour moi, l'exposé que vous avez fait des efforts tentés par Lyon et par la Chambre de commerce en particulier, pour réaliser l'organisation coloniale. Elle est bien telle que vous l'avez définie, c'est-à-dire que l'organisation coloniale comprend à la fois l'expansion des capitaux et celle des hommes. C'est dans les colonies plus que partout ailleurs que l'on doit trouver ces deux éléments réunis : des hommes préparés et des capitaux. Je suis donc heureux d'être venu dans cette assemblée où j'étais sûr de trouver les concours les plus attentifs et les plus dévoués. C'est donc au Gouverneur de l'Indo-Chine qu'il convient d'exprimer à la Chambre de commerce de Lyon représentant les intérêts considérables de la France en Extrême-Orient, toute sa sympathie, toute sa confiance et tout l'espoir qu'il met dans les efforts qu'elle fait au profit de l'expansion coloniale.

M. Ulysse Pila, président de la Commission de colonisation de la Chambre, a présenté ensuite les considérations suivantes sur la situation actuelle des intérêts français en Chine et en Indo-Chine :

Monsieur le Gouverneur général,

Il est de tradition, pour Lyon et pour notre Chambre de commerce, de s'intéresser, nous pouvons dire passionnément, aux choses coloniales et, en particulier, à celles qui ont pour théâtre l'Asie et l'Indo-Chine. Comme aussi il est de tradition, pour nous, de chercher à nous tenir en communion d'idées avec les Gouverneurs généraux de nos possessions indo-chinoises, et de nous entretenir avec eux chaque fois que l'occasion s'en présente.

Nous avons tenu à honneur de recevoir précédemment quelques-uns de vos prédécesseurs, M. de Lanessan, M. Rousseau, M. Doumer, et ce nous est aujourd'hui un grand plaisir de pouvoir vous recevoir à votre tour, au moment où vous allez regagner le siège de votre Gouvernement et reprendre en mains la direction d'une politique si grosse d'intérêts pour nous tous, et si vaste, puisqu'elle embrasse à la fois et l'Indo-Chine et cette autre partie de l'Asie, où le commerce de notre région a pris une si grande place : la Chine méridionale.

Vous y retournez, Monsieur le Gouverneur général, dans des circonstances nouvelles, je n'ose pas dire encore heureuses et favorables, mais du moins infiniment moins critiques et moins inquiétantes qu'elles ne l'étaient quand vous êtes revenu en Europe.

Que d'anxiété alors dans certains esprits pessimistes ! que de marques de découragement ! que de sombres dissertations ! que de prédictions sinistres ! Vous en avez reçu vous-même le contre-coup là-bas, Monsieur le Gouverneur général, et vous vous en êtes plaint dans vos discours et votre correspondance avec beaucoup de cœur et de patriotisme.

Aujourd'hui, l'Asie est en paix, et c'est une paix qui nous importe autant et même plus qu'à la plupart des nations européennes, parce que les conditions dans lesquelles elle se fait nous donnent une sécurité presque entière pour notre domaine de l'Indo-Chine.

Le Japon, devenu l'allié de l'Angleterre, laquelle est, à son tour, sinon notre alliée, du moins notre amie, pour le plus grand bien des affaires et de la politique générale, ne peut évidemment plus menacer nos possessions d'Asie. Tout lui commande une attitude sinon amicale, du moins pacifique : son intérêt même, le souci de ses finances, le désir qu'il a d'entrer plus avant dans la lutte économique, et aussi l'intervention de son alliée, l'Angleterre, qui ne tolérerait certainement pas qu'une nouvelle conflagration pût surgir en Asie, après qu'elle a contribué de toutes ses forces, et au préjudice même de certains de ses intérêts, au rétablissement de la paix.

Nous voici, Monsieur le Gouverneur général, délivrés de ces grosses inquiétudes qu'avaient pu faire naître, dans votre esprit comme dans les nôtres, la perspective d'une période d'appréhensions belliqueuses et la nécessité de mettre notre Indo-Chine, non seulement en état de défense, mais sur le pied de guerre, en dépensant, non pas les quelques dizaines de millions qui doivent assurer sa sécurité, mais des centaines et des centaines de millions, en vue de résister à des agressions qui paraissaient imminentes ; fardeau écrasant, qui eût à la fois épuisé les ressources de la Colonie, entravé son développement et, du même coup, arrêté ou même refoulé les capitaux, soit du Gouvernement, soit des particuliers, prêts à s'engager dans des entreprises publiques ou privées.

Dès lors, votre Administration, Monsieur le Gouverneur général, va pouvoir porter plus aisément ses ressources, son crédit et son activité vers une organisation plus parfaite de l'outillage commercial du pays, outillage pour lequel il y a tant à faire encore, et qui est si impatiemment attendu de l'indigène et du colon.

Cela, pourtant, ne veut pas dire qu'en Asie tout va être facile pour les nations européennes. Nous savons, par exemple, que le Japon veille jalousement sur les ressources de la Chine et sur ses débouchés, qu'il dispute les concessions aux capitaux d'Europe ; qu'il prétend ou se les réserver à lui-même, ou les faire réserver aux Chinois, avec lesquels il se considère comme lié d'intérêt.

Les agents des maisons françaises qui ont été envoyés depuis quelques mois dans les provinces chinoises, par exemple, au Sse-tchouen, quand ils ont sollicité du Gouvernement local ou des concessions de mines ou des prorogations de concessions déjà accordées, ont vu souvent les représentants du Japon peser de toutes leurs forces sur l'Administration chinoise, pour retarder ses décisions, neutraliser l'action de nos nationaux, et monopoliser, en un mot, les chances d'entreprises fructueuses en Chine, au profit, soit des Japonais, soit des Chinois.

La Chine elle-même se réveille, se transforme. Nos nationaux qui y sont établis ont constaté, à mesure que les défaites russes se succédaient et que grandissait le prestige du Japon, la réapparition de l'ancien orgueil chinois, de son mépris pour les étrangers, de sa prétention, bien mal justifiée pourtant, de s'égaler bientôt à ceux qui successivement avaient vaincu et dirigé la Chine.

Et cet état d'esprit s'est déjà traduit par des faits précis. Il est certain que les mouvements d'opinion qui ont amené les Chinois à prendre des décisions telles que le « boycottage » des marchandises américaines et le rachat de la concession du chemin de fer Hankeou-Canton dénotent des tendances et une situation nouvelles et sérieuses, devant retenir l'attention de tous ceux qui ont des intérêts commerciaux en Chine.

Toutefois, il n'est pas probable que cette politique de la Chine « *fara da se* » puisse triompher, ni entièrement, ni tout de suite. Elle continuera à être contrariée par la concurrence, sinon l'opposition formelle, de certaines grandes puissances.

L'Angleterre, les Etats-Unis, la France sont d'accord aujourd'hui pour maintenir le principe de la porte ouverte.

Ces puissances ont pu être un temps divisées et fort jalouses de leur influence respective, à une époque très voisine de nous, où l'Europe se demandait si elle n'aurait pas intérêt à hâter le démembrement de la Chine.

La Russie, l'Angleterre, l'Allemagne, la France et même l'Italie, ont pu, en effet, nourrir un instant cette ambition. Personne sans doute ne s'en dissimulait l'extrême difficulté.

Mais aujourd'hui, la difficulté est devenue insurmontable à la suite du triomphe japonais, et tout ce que peuvent espérer maintenant des nations de civilisation européenne, c'est que les pays à civilisation chinoise ne leur soient pas économiquement fermés.

Et ce va être, pendant le demi-siècle qui s'ouvre devant nous, le but de leur politique et de leurs efforts, de maintenir ouverte la porte de la Chine aux entreprises européennes.

*
* *

Il est un facteur considérable, qui jouera son rôle dans cette politique et contribuera à en assurer le succès, facteur qui, surtout pour nous Français, est susceptible de donner à notre action en Chine un caractère éminent.

Je veux dire les capitaux. Pour faire ce que la Chine veut faire, pour mettre en valeur un pays plus grand que l'Europe, ne fût-ce qu'en partie, pour construire les chemins de fer, les ports, les télégraphes, les routes, constituer les postes, améliorer la navigation, exploiter les mines, créer des industries, pour entreprendre tout cela, il faudra des capitaux énormes, milliards sur milliards, et ni le Japon, ni la Chine, n'ont de réserves d'argent suffisantes.

Il leur faudra donc, à l'une et à l'autre, puiser dans les réserves européennes et américaines, et plus particulièrement dans la réserve française, qui est peut-être la plus considérable de toutes.

De cette constatation de l'importance de notre réserve de capitaux, n'allez pas croire, Monsieur le Gouverneur général, que nous voulions en tirer vanité; car nous savons, nous hommes d'affaires, qu'elle n'est due qu'à une raison, une circonstance bien faite pour nous affliger : la timidité, la peur de l'entreprise lointaine, chez beaucoup de nos concitoyens, ainsi que l'organisation, à certains égards préjudiciable, qu'ont eue jusqu'à ce jour nos plus grandes banques et nos plus importants établissements de crédit.

A cause de ces particularités, un pays comme le nôtre qui regorge d'argent, en partie même sans emploi, n'a pas le courage ou ne trouve pas l'opportunité d'engager cet argent lui-même et avec sa propre initiative dans les affaires de nos colonies. Il se contente aujourd'hui de le mettre, par l'entremise de nos grands établissements de crédit, en grande partie à la disposition de nations étrangères : Angleterre, Allemagne, Russie, Etats-Unis, demain Japon, qui lui en paient un modique intérêt, mais gardent pour elles-mêmes la plus grosse partie des bénéfices de tout ordre.

C'est sans doute à cause de cela que notre Mission lyonnaise, chargée naguère par cette Chambre de commerce d'explorer l'Indo-Chine et la Chine afin d'y chercher pour nos capitaux des débouchés, n'aura peut-être fait que contribuer à jalonner les routes et ouvrir, aux capitaux de nos concurrents étrangers, ces régions alors peu connus qui s'appellent le Sse-tchouen, le Kouei-tcheou, le Yunnan, les deux Quangs.

Mais ces constatations, sans doute regrettables, ne doivent ni nous décourager, ni nous empêcher de continuer à agir.

Le devoir des hommes comme nous, et comme vous, Monsieur le Gouverneur général, est de nous plier aux circonstances.

Et si, pour les raisons dont je viens de parler, nous devons désormais rencontrer en Extrême-Orient, certains obstacles qui s'opposent à notre élan, à notre initiative, à notre action isolée, recourons à une action combinée.

La mode est aujourd'hui aux syndicats internationaux. Entendons-nous donc avec les étrangers, avec les Anglais notamment qui viennent à nous déjà, et dont le concours nous sera comme un passeport pour glisser à travers les mailles du filet sino-japonais. Allons plus avant encore ; créons aussi en même temps des ententes, des associations commerciales, même avec des maisons asiatiques, celles-ci offrant souvent les plus grandes garanties de crédit et de probité. En un mot, étendons notre action, partageons nos risques.

Au surplus, le temps présent semble n'être plus celui des efforts individuels, les capitaux aiment mieux maintenant s'organiser sous la forme de groupements. Au lieu donc de faire reposer, en pays si lointain, toute leur sécurité sur la tête d'un seul, que la mort et la maladie peuvent abattre en un jour, ils préfèrent adopter la forme, plus compliquée peut-être, mais plus sûre, de société anonyme, celle de syndicats, ayant à leur tête un état-major plus considérable et plus coûteux, sans doute, mais offrant les garanties de stabilité, de durée et de sécurité que le nombre apporte avec lui.

C'est de ce principe, soit dit en passant, qu'a procédé, entre Français, cette entreprise à laquelle plusieurs d'entre nous s'intéressent ici à des titres divers, et qui a mérité votre bienveillance, Monsieur le Gouverneur général, je veux dire l'Union Commerciale Indo-Chinoise.

En Chine, on est, depuis quelques années déjà, engagé dans cette voie. Même au temps des compétitions économiques les plus ardentes, certains capitalistes de nationalités concurrentes ont jugé utile de s'entendre et de coopérer. C'est ainsi que ce sont formés : le *Pekin Syndicate*, société minière anglo-italienne ; l'*Hankeou-Pékin*, compagnie de chemin de fer franco-belge ; le Syndicat franco-allemand du chemin de fer de Tien-tsin au Yang-tsé ; la Société anglo-française des mines de mercure du *Kouei-tcheou* ; le Syndicat franco-anglais des mines du *Yun-nan*.

Ce n'est pas tout. Nous allons assister à la naissance de plus vastes associations encore, et notamment de celles dont financiers français et anglais sont en train de jeter les bases en commun, en vue de poursuivre l'extension du réseau ferré de la Chine. Il y a deux grandes lignes dont la construction est aujourd'hui urgente : l'une doit prolonger jusqu'à Canton le tronçon déjà existant entre Pékin et Han-keou ; l'autre doit relier le cœur de la province du Sse-tchouen avec la vallée du bas Yang-tse. Des négociations, dont quelques-unes déjà très avancées, sont actuellement en cours entre Paris et Londres. Il va en résulter sans doute de très grandes affaires.

Cette politique d'association internationale à propos des affaires chinoises, dans le domaine économique comme dans celui de la politique, ne doit pas être interprétée en notre défaveur ; il ne faut pas la considérer simplement comme une abdication de notre part, comme l'abandon de toute action indépendante. Au point où les puissances étrangères en sont venues en Chine, cette politique est la seule efficace, je dirai même la seule possible pour celles qui veulent encore tenter quelque chose.

Voyez l'Angleterre elle-même. Il y a dix ans à peine, elle avait en Chine une situation absolument prédominante. Ce pays était, comme elle disait, son « *estate* ». Or, nous la voyons aujourd'hui s'appuyer politiquement et militairement sur le Japon, et se montrer, d'un autre côté, la plus ardente à rechercher cette coopération de la France, grâce à laquelle vont se trouver les capitaux nécessaires aux grands travaux publics que son commerce réclame en Chine.

D'autre part, il faut reconnaître que cette politique d'association peut nous être particulièrement favorable, à nous Français, car elle nous fournit le moyen de faire le meilleur et le plus complet usage d'un admirable instrument que nous avons entre les mains et dont nous n'avons pu encore apprécier entièrement l'efficacité dans les affaires chinoises : notre argent.

S'il est vrai que l'avenir immédiat de la Chine dépend, au point de de vue matériel, de ces groupements financiers qui doivent procurer à ce pays les capitaux et l'outillage industriel qui lui font défaut, nous voilà, par la force des choses, à moins que nous accumulions maladresses sur accès intempestifs de désintéressement, au premier rang de ceux qui président aux destinées du tiers de l'Asie. Notre diplomatie à Pékin, au temps où elle avait à conquérir de haute lutte la part de la France dans les grandes affaires chinoises, aura eu, malgré son mérite, moins de bonheur et moins d'efficacité.

Cependant, en présence de ces vastes groupements internationaux qui s'annoncent et dont quelques-uns sont déjà formés, il nous vient — à nous autres, commerçants et industriels qui formons cette Chambre de commerce — une incertitude et même une appréhension.

Il est entendu que la France surtout, grâce aux immenses réserves de son capital, va fournir aux grandes entreprises que l'on projette en Chine l'argent nécessaire, c'est-à-dire le moyen pour celles-ci de s'organiser et de fonctionner. Mais, a-t-elle pensé, réussira-t-elle à se faire reconnaître dans la direction et l'approvisionnement industriel de ces entreprises, la part qui doit équitablement correspondre à son apport ? Ces entreprises de chemin de fer seront-elles conçues, comme il le faudrait, de telle façon qu'elles aident au développement de notre commerce, à l'expansion de notre Indo-Chine ? Seront-elles pour notre commerce et notre industrie, pour la communauté des agents techniques français, les débouchés sur lesquels nous sommes en droit de compter ? Y veille-t-on et qui y veille ?

Le Gouvernement français est seul maître de la ligne politique qu'il y a lieu d'adopter en ces conjonctures. Mais aussi, il lui appartient, grâce à la connaissance complète qu'il a de toutes les faces des questions chinoises, de défendre l'ensemble des intérêts français qui sont impliqués dans ces affaires.

Nous comptons sur lui. Et peut-être, Monsieur le Gouverneur

général, voudrez-vous, tout à l'heure, nous donner à cet égard quelques assurances encourageantes.

*
* *

Il est une province chinoise qui, dans l'état actuel des choses, promet de servir de trait d'union entre le reste de l'empire chinois et notre Indo-Chine, et où la région lyonnaise a déjà quelques intérêts importants. Je veux parler du Yun-nan. Il mérite d'être mentionné spécialement ici.

Il y a aujourd'hui plus de trente ans que, pour la première fois, des Français ont fait miroiter aux yeux de leur pays la conquête du Tonkin comme moyen de pénétrer dans les provinces de l'ouest de la Chine. Aujourd'hui, le Yun-nan est ouvert, grâce à nous, à la pénétration européenne. Ses ressources ont été tour à tour exagérées et, plus tard, trop modestement évaluées. Sans doute, l'ancienne guerre des *taïpings* et la récente révolte des *boxers* en ont à la fois diminué la population et appauvri la richesse; mais elle reste par son sol, surtout par son sous-sol, le centre possible de grandes exploitations, et pour y agir utilement, maintenant que la paix est rétablie, le Tonkin demeure un merveilleux chemin d'approche. Voici que nous sommes en train de construire un chemin de fer qui reliera les deux pays.

On nous a fait craindre un moment que ce chemin de fer nous échappât, parce qu'il serait racheté par la Chine. Heureusement, il n'en est rien. C'est un chemin de fer qu'il nous importe d'achever; ne doutons pas, si nous le rétrocédons à notre voisin, qu'il apportera à sa construction une lenteur désespérante. Le gouvernement central de la Chine ne tient pas énormément à relier ses provinces aux nôtres. En admettant qu'il eût des capitaux pour poursuivre la construction du chemin de fer du Yun-nan et qu'il consentît à les mettre à la disposition de cette province, nous connaissons trop les mœurs de ce pays pour douter que ces capitaux, venant de si loin, ne fussent en grand danger de s'évaporer en route, avant d'être parvenus à destination. Gardons donc ce chemin de fer, achevons-le et restons-en les maîtres; nous verrons plus tard s'il nous convient de l'exploiter nous-mêmes. En attendant, n'aliénons pas ce puissant moyen d'assurer notre pénétration dans la Chine méridionale.

Si cette pénétration doit se faire surtout par le commerce, elle s'annonce déjà sous un jour assez favorable au Yun-nan même.

Nous avons dans l'opium produit par cette province une marchandise d'échange très précieuse qui nous permet d'introduire, en territoire chinois, des quantités de plus en plus considérables d'articles divers et surtout de cotonnades. En outre, l'exploitation des mines, quand elle pourra être entreprise avec des procédés perfectionnés et qu'elle sera facilitée par le chemin de fer que nous construisons, nous présage naturellement une augmentation de trafic.

En attendant, et en passant, permettez-nous, Monsieur le Gouverneur général, de vous soumettre deux desiderata justifiés par la situation commerciale que nous avons déjà acquise au Yun-nan.

Pour accroître cette situation et la rendre définitivement prépondérante, en neutralisant l'influence encore très grande exercée par le marché de Hong-kong, un établissement de crédit français nous est indispensable, et il vous appartient, Monsieur le Gouverneur général, de nous le procurer en attirant la Banque de l'Indo-Chine au Yun-nan dès que la sécurité et la facilité des voies de communication seront établies.

D'autre part, nous tendons peu à peu à concentrer dans nos mains toute la production de l'opium de cette province. Ne pourrions-nous pas en profiter pour accroître nos échanges avec les pays voisins consommateurs de cette drogue? Nous leur vendrions de l'opium du Yunnan et, en échange, nous augmenterions chez eux le taux et la variété de nos achats? En cela, nous pensons surtout au Siam. Eh bien ! Monsieur le Gouverneur général, pouvons-nous compter, pour voir réussir nos efforts dans ce sens, sur l'aide de votre administration ? Car n'oublions pas que celle-ci est maîtresse des dispositions réglementaires qui régissent le transit de l'opium sur le territoire de la colonie.

*
* *

Mais il n'y a pas que la Chine qui nous préoccupe, il y a aussi et surtout l'Indo-Chine ; car nous ne pouvons pas oublier que, ancien Ministre de France à Pékin, vous êtes surtout, et vous êtes exclusivement maintenant, le Gouverneur général de l'Indo- Chine française·

On peut dire, malgré l'unité indo-chinoise, qu'il y a plusieurs Indo-Chines.

Il y a l'Indo-Chine du sud-ouest et l'Indo-Chine du nord-est; il y a une Indo-Chine que l'on pourrait appeler le Cambodge-Laos, qui a plus particulièrement ses intérêts connexes avec ceux du Siam. Il y a la riche et magnifique province de Cochinchine qui forme un tout en soi jusqu'au jour où, par des travaux bien dirigés, elle drainera à elle le commerce de la vallée du Mékong; il y a la grande province de l'Annam qui a ses destinées propres, sollicitée cependant qu'elle est, tantôt par ses rapports, actuellement difficiles, avec la vallée du Mékong, tantôt par ses rapports avec le bassin du fleuve Rouge. Et, enfin, il y a la province qui, dans un langage inexact mais courant, donne son nom à l'empire indo-chinois. Je veux dire le Tonkin.

Ce n'est pas nous, Monsieur le Gouverneur général, qui vous blâmerons de distribuer également votre attention entre les diverses parties de cet empire et, notamment, qui traiterons comme insignifiantes les entreprises que voux méditez du côté du Siam, en vue de tirer parti des droits que nous ont conférés des traités récents.

Tout ce que vous ferez dans la vallée du Mékong, tout ce que vous ferez pour rendre plus forte notre situation du côté du Siam, nous le considérons comme le fruit d'une politique sage et prévoyante et, s'il y a lieu, nous ne vous marchanderons pas notre concours pour mener cette politique à bien.

Nous n'avons, Monsieur le Gouverneur général, rien perdu de notre esprit d'ambition et d'initiative; nous restons, nous Lyonnais, l'avant-garde du parti colonial de la France. Nous continuerons à explorer ces régions lointaines que vous connaissez si bien, et sachant que, pour y réussir, il faut avoir l'appui de notre Gouvernement et de ses agents, à la fois de Pékin et d'Hanoï, nous ne pouvons que nous féliciter de voir que vous réunissez, en quelque sorte, en votre personne, une double qualité, présage d'un double succès, puisque vous avez été le chef de notre Légation à Pékin et que vous êtes aujourd'hui le chef de notre Gouvernement en Indo-Chine. Il y a donc encore pour nous, avec votre concours, de grandes espérances à entretenir en Asie et particulièrement en Chine et en Indo-Chine. Et nous savons que, en diplomate zélé et vigilant, et en Français épris de la grandeur de notre pays, vous ne marchanderez ni votre concours, ni votre bienveillant appui.

*
* *

Nous venons de voir les grandes questions et les intérêts mondiaux qui gravitent en ce moment autour de notre possession d'Extrême-Orient.

Voyons maintenant ce qui concerne plus particulièrement la colonie elle-même. Quelques considérations rapides sur son agriculture, son industrie et son commerce, nous permettront d'apprécier les progrès accomplis pendant la période de trois ans qui vient de s'écouler.

Quiconque veut étudier l'évolution de nos intérêts aux colonies et spécialement en Indo-Chine a, depuis dix ans, quelques points de repère excellents et en quelque sorte officiels : ce sont nos expositions coloniales : en 1894, celle de Lyon; en 1900, celle de Paris; en 1905, celle d'Hanoï, que vous avez eu vous-même, Monsieur le Gouverneur général, à inaugurer dès votre arrivée au Tonkin; enfin, dans cinq mois, celle de Marseille qui offrira une manifestation plus importante encore de l'essor de nos colonies.

Il ne s'agit pas là d'œuvres de luxe sans portée pratique ; les constatations que nous avons dû faire tout à l'heure, en ce qui concerne la Chine, où nos capitalistes ont été, jusqu'à présent, surtout tributaires de l'étranger, en font ressortir toute l'importance et toute l'opportunité.

Il faut pour la France coloniale des expositions, c'est-à-dire des moyens de publicité et de vulgarisation pour instruire les masses et ainsi provoquer les initiatives.

Nous savons déjà fort bien que l'exposition de l'Indo-Chine à Marseille sera belle, grande, instructive, encourageante pour l'avenir, mais, en attendant, permettez, Monsieur le Gouverneur général, à la Chambre de commerce de Lyon qui a le plaisir de vous recevoir, de vous parler un peu de la situation réelle, plus intime et plus vraie, de la colonisation en Indo-Chine, situation que les expositions ne suffisent pas à mettre en évidence.

En ce qui nous concerne, nous ne voulons pas vous fatiguer par l'énumération trop longue des intérêts des Lyonnais, dans les pays qui dépendent de votre Gouvernement.

Vous trouvez des Lyonnais dans les forêts de teck du Mékong, vous en rencontrez en grand nombre à Saïgon. Ils ont créé des lignes de cabotage sur toute la côte. A Tourane, la plus ancienne maison de commerce est lyonnaise. Là, ce sont encore des Lyonnais qui ont entrepris l'œuvre ingrate et difficile de la création et de l'outillage du port, et même sa propre alimentation, par les produits d'une mine de charbon située dans le voisinage.

Enfin, au Tonkin, ils sont partout, dans l'agriculture, dans le commerce, dans la grande et la petite industrie.

Nous pouvons donc être fiers du nombre et de l'importance des entreprises créées en Indo-Chine par nos compatriotes.

Mais plus imposante encore est la somme globale des capitaux qui y sont engagés. Aussi, impérieux est notre droit de compter sur l'administration qui est leur tutrice naturelle, et d'obtenir d'elle des garanties sérieuses, des sécurités et des facilités de succès.

Le rapport de notre délégué à l'exposition d'Hanoï nous faisait entrevoir l'éclosion prochaine, presque immédiate, de plusieurs entreprises privées intéressantes, n'attendant pour voir le jour que l'achèvement des grands travaux publics commencés ou annoncés.

À propos des travaux, on parlait d'irrigations, de digues, d'ouvrages d'intérêt local, de routes, de ponts, à exécuter avec économie, suivant les besoins, en dehors du domaine de la direction des travaux publics, travaux assurant la préservation des récoltes et rendant les communications intérieures faciles et plus rapides.

Ce programme séduisant semble maintenant d'une réalisation plus lointaine.

En Annam, la Société des Docks et Houillères de Tourane, qui jouit à Lyon d'une certaine renommée, a terminé sa tâche et voit son œuvre compromise par des difficultés administratives dues à l'inexécution des travaux qui lui ont été promis, comme si la colonie refusait de lui laisser cueillir le fruit de son initiative, de ses sacrifices et de son travail.

Au Tonkin les choses, en partie, sont plus satisfaisantes, puisqu'après dix ans de persévérance et d'efforts la société qui avait été créée, au retour de la Mission lyonnaise, pour en être comme la suite pratique, a pris enfin son essor et que, rayonnant dans tout le Tonkin jusqu'aux frontières du Siam, du Yun-nan et du Quang-si, elle étend, de tous ces côtés, le champ de la consommation des produits français.

Mais, autour de ce succès, combien d'entreprises malheureuses, que d'efforts encore stériles, de difficultés croissantes, de résultats ajournés, non seulement dans le domaine commercial ou industriel, mais surtout dans celui de l'agriculture où les qualités personnelles du colon ont une influence moins décisive pour déterminer le succès que les conditions générales dans lesquelles son activité peut se déployer.

C'est sur ce point, Monsieur le Gouverneur général, que nous appelons toute votre sollicitude.

Il importe que l'administration n'oublie aucun de ses devoirs envers le colon, s'il est acquis que l'Indo-Chine jouit d'un crédit de premier ordre qui lui permet de se procurer, sous la forme de chemin de fer, un outillage économique précieux. On doit reconnaître que le colon a contribué à justifier ce crédit et, alors, utiliser cet outillage en partie à son profit, en accroissant parallèlement la matière et les produits du sol à transporter, est un devoir. C'est le travail du colon, qui doit amener cet accroissement, mais, dans cette tâche, il a besoin d'être conseillé et aidé.

Or il semble que, jusqu'à présent, l'administration de la Colonie ait été un peu trop absorbée par la première partie du programme, la construction des chemins de fer.

C'était peut-être une erreur de séparer les deux choses, voies de communication et aménagement du sol, nous avions pensé que vous emploieriez tous vos efforts à réparer cette erreur.

Le colon représente à lui seul beaucoup plus que la valeur des capitaux qu'il apporte avec lui: il a sa valeur propre, et, à ce titre, l'État doit lui servir de guide, lui fournir tous renseignements utiles, le protéger et l'encourager.

Les Anglais dans les Indes, les Hollandais à Java, les Américains aux Philippines usent de tous les systèmes d'encouragement et de concours aux entreprises naissantes, car il faut avant tout développer le travail du sol, et surtout dans une colonie dont la terre riche comme celle de l'Annam et du Tonkin peut donner tous les produits des pays chauds, et des pays tempérés : riz, coton, canne à sucre, pavot, thé, manioc, maïs, ricin, essences aromatiques, etc., etc.

Le paysan annamite est sans doute un cultivateur excellent, mais il est routinier.

Il ne créera rien par lui-même, l'État doit donc l'éduquer, le conduire, le forcer presque à augmenter sa production et à modifier ses méthodes.

Si on le laisse à lui-même, ce sera toujours le *statu quo :* ses ancêtres ont fait du riz, lui-même ne continuera à ne faire que du riz.

Tout est donc à faire dans cette voie, et nous en avons les exemples sous les yeux. Nous n'avons qu'à imiter ce qu'ont fait les Hollandais et les Anglais : constituer de grands bureaux d'agriculture.

Le jour où l'Annam et le Tonkin posséderont un département complet d'agriculture, comme il en existe dans bien d'autres colonies, avec des professeurs, des maîtres, des experts, allant de village en village, analysant les terrains, proposant les meilleures cultures à entreprendre à côté du riz, enseignant les procédés à suivre, indiquant les fumures, les engrais, préparant l'irrigation, marquant les voies de communication faciles, etc., ce jour-là, les populations se porteront d'elles-mêmes au travail des champs, les produits se multiplieront, l'industrie et le commerce suivront le mouvement, les chemins de fer trouveront leur aliment naturel, et la fortune du pays s'accroîtra.

Nous savons qu'il y a de grandes difficultés à ce que cette méthode soit appliquée directement à l'indigène par l'Administration elle-même.

Mais c'est en cela que l'État doit savoir recourir à la collaboration du colon européen qui sera un intermédiaire tout indiqué dans la délicate besogne dont il s'agit.

Le colon français seul peut initier l'indigène aux procédés européens, aux cultures étrangères, et vaincre sa routine traditionnelle.

Pour cela, il faut non seulement qu'il trouve dans l'administration des services et des bureaux tous les documents et renseignements nécessaires à sa propre instruction, sur le climat, le sol, le sous-sol, de la colonie, ainsi que sur les cultures et les fumures appropriées, mais encore il a le droit de trouver auprès d'elles un appui bienveillant et efficace dans l'exécution de ses projets.

En outre, dans les régions encore privées de moyens de transport par voies ferrées, l'Etat lui doit au moins fournir l'usage d'autres voies de communication, telles que routes, ponts, cours d'eau navigables en bon état d'entretien.

Sans avoir à recourir à des subventions spéciales qui auraient toujours le caractère de faveurs arbitraires, les industries ou cultures naissantes méritent d'être encouragées par des primes ou des facilités particulières; c'est le système employé par les Anglais dans toutes leurs colonies. Ces primes pourraient parfois consister dans un simple dégrèvement temporaire de l'impôt foncier comme vous venez, Monsieur le Gouverneur général, d'en prendre l'heureuse initiative pour la culture du mûrier.

Ainsi comprises, elles pourraient être appliquées à bien des cas analogues, notamment par exemple en ce qui concerne le manioc qui pourrait réussir au Tonkin aussi bien qu'au Brésil.

Alors, comme dans les Détroits, comme à Java, s'implanteraient et croîtraient rapidement des cultures et des industries nouvelles.

La première étape de cette politique agricole devrait être, comme dans tous les pays neufs arrosés par des cours d'eau multiples, l'exécution d'un système d'irrigations et de digues. C'était votre programme primitif, Monsieur le Gouverneur général, et nous savons que sa mise à exécution si désirée demeure l'objet de vos préoccupations.

L'anomalie si apparente dont témoigne ce peuple pauvre, vivant sur un sol riche, fait ressortir la nécessité impérieuse de ce grand travail, qui doit accroître les résultats de la culture et augmenter ainsi les ressources du budget.

Sans doute, en face de ce nouveau programme de travaux pour les services agricoles du pays, il en résulterait pour la Colonie de nouvelles charges, une nouvelle mise de fonds, un nouvel emprunt? Mais combien serait minime la somme nécessaire en regard des services qu'elle permettrait d'obtenir, des revenus qu'elle assurerait, en regard aussi des 200 millions de francs consacrés aux chemins de fer ; ceux-ci bénificieraient d'ailleurs, en première ligne, des nouveaux avantages, la Colonie elle-même récupérerait son avance au centuple sous toutes les formes, grâce à la plus grande surface de terre cultivée, à l'augmentation de la population, à la plus active circulation des produits à l'intérieur, à l'accroissement des exportations, en un mot, grâce au développement plus intense de l'activité du pays, qui, dans toutes ses phases, est productive pour l'Etat.

Peut-être qu'à votre arrivée en Indo-Chine, Monsieur le Gouverneur général, des difficultés budgétaires ont retardé l'exécution de votre plan. Cette préoccupation pécuniaire ne peut plus être aujourd'hui un obstacle pour l'exécution d'un programme, étant donné que la Colonie vient d'avoir la plus belle preuve de son crédit, puisque les 8o millions du solde de l'emprunt indo-chinois ont été couverts trente fois.

En resumé, à notre avis, après la création des voies ferrées, l'organisation agricole de l'Annam-Tonkin s'impose, et, si un emprunt est nécessaire jamais moment ne serait plus favorable pour le contracter.

*
* *

La Sériciculture en Annam et au Tonkin. — Comme suite à cette revue et comme exemple des devoirs de l'Administration envers des contrées et des populations dont elle a pris la direction, il me reste à vous parler plus particulièrement de la soie.

La production de la soie, cette riche matière, si précieuse pour l'exportation, a été dans tous les pays de l'Extrême-Orient, et plus particulièrement au Japon et dans la province de Canton, notre frontière directe au sud de la Chine, une source de richesse pour les producteurs et un élément de fortune pour ceux qui en ont fait le commerce, car son emploi est presque illimité dans toutes les fabriques d'Europe, et plus particulièrement dans celle de Lyon.

Aussi, comme vous pouvez le penser, Monsieur le Gouverneur général, notre Chambre de commerce n'a-t-elle cessé de suivre avec anxiété et grand intérêt tout ce qui se passait en Annam et au Tonkin pour l'éducation du ver à soie, persuadée que le fil qui en proviendrait, dont les qualités de nature sont bien connues, rendrait de grands services à notre fabrique lyonnaise, si sa production avait quelque importance et si sa préparation était mieux soignée.

Nous savons que, de votre côté, Monsieur le Gouverneur, vous avez eu le même souci, et vous nous l'avez montré en nous envoyant, à diverses reprises, des membres de votre Administration pour s'entretenir de cette question avec notre Chambre, faisant ainsi appel à notre compétence et à nos conseils.

Nous connaissons aussi les efforts qui ont été faits au Tonkin pour tâcher d'obtenir les résultats cherchés : extension de la production d'une part et amélioration de la qualité de l'autre, encouragements donnés aussi en facilitant et en favorisant la création de quelques sociétés, en construisant à grands frais des édifices pour magnaneries modèles et filatures à l'européenne.

On a pensé aussi à d'autres formes d'encouragement pour stimuler l'essor de cette riche production : à savoir, accorder un monopole d'achat de cocons, établir un système de primes pécuniaires payées à la sortie de la soie filée à l'européenne, introduire des graines de race française pour les distribuer gratuitement aux indigènes, etc...

Eh bien, malheureusement, après avoir étudié ces divers procédés, notre avis est qu'aucun d'eux ne permettra d'atteindre le but recherché; ils ne sont peut-être même pas pratiquement réalisables.

Nous sommes en Asie, en face d'une race de vers à soie asiatique, entourés de pays qui élèvent la même graine et qui ont atteint le plus haut degré de perfectionnement pour les traiter ; c'est donc là où nous devons trouver notre école, ses moyens pratiques, et non chercher à nous inspirer d'idées et de méthodes européennes.

Depuis les temps les plus éloignés, l'Annam et le Tonkin ont produit une certaine quantité de soie.

Une bonne partie de ce fil se consomme dans le pays, la fabrique indigène s'étant appliquée à l'employer, le reste s'exporte à Canton, particulièrement, puis en Birmanie, dans les Détroits. Bien peu, de loin en loin, vient en France.

Le cocon qui donne cette soie est de race jaune « polyvoltine », d'un brin très fin, mais depuis des siècles ce cocon est élevé, puis filé de la même manière, sans progrès aucun, d'une façon rudimentaire, grossière même, au point que, à de bien rares exceptions, la matière qui en provient n'a guère d'emploi à Lyon.

Les populations de l'Annam et du Tonkin sont des populations modestes, sans fortune ni épargne. Elles habitent de toutes petites maisons, très à l'étroit, manquant donc d'espace pour pouvoir entreprendre de grandes éducations de vers à soie ; elles vivent du produit de leurs champs, sans luxe, sans besoins, n'ayant même, et c'est là le côté regrettable de cet état de choses, aucune envie d'améliorer leur sort ; leurs mœurs et leurs coutumes sont enracinées et survivent de père en fils.

C'est au printemps et en été, quand les travaux des champs sont avancés et les riz repiqués que, dans toutes les « cagnas », les familles se livrent à l'éducation des vers à soie. Comme je l'ai dit déjà, les races sont « polyvoltines » ; aussi, durant ces trois à quatre mois du repos des champs, passe-t on d'une récolte à une autre; mais, faute d'espace ou par vieille coutume, c'est par petites quantités à la fois, que ce travail de famille se fait en produisant seulement quelques kilos de cocons.

Le cocon produit est faible, mou à la main, sans gomme, très délicat, aussi il se détériore aux manipulations. La chaleur trop grande et l'humidité l'échauffent très vite, la marche de transformation de la chrysalide en papillon est très rapide, il ne peut donc guère être transporté d'un pays à un autre et, en l'état présent, il doit être filé très rapidement sur place.

Comment, dans ces conditions, former un marché et arriver à établir des prix rationnels, pour de petites quantités de cocons ? comment réunir des « amas » suffisants pour assurer l'alimentation des filatures pour une durée de quelques jours seulement ? Nous n'en voyons pas la possibilité.

La filature modèle, établie par le Protectorat à Nam-Dinh au centre de la province la plus grande, la plus riche, produisant le plus de cocons, ne trouve déjà pas à s'approvisionner sur place, même en payant des prix qui font que la soie produite revient à un coût certainement hors de proportion avec sa valeur intrinsèque.

Vouloir tout d'un coup bouleverser les habitudes invétérées de ces indigènes, les forcer à changer leur manière de faire, leurs besoins, c'est, nous le craignons, s'exposer à un échec, et même se heurter à l'impossible.

Nous croyons donc qu'il faut abandonner tous ces projets, toutes ces expériences, qui ne peuvent rien produire, et qu'il y a une autre organisation à tenter, à former de toutes pièces, qu'il faut prendre dès la base une direction toute nouvelle à donner aux indigènes dans leur mode de faire et de travailler, en vue d'arriver à une réforme complète, ce qui évidemment prendra du temps, des années et des années, pour atteindre un résultat certain et complet.

Mais alors, l'Administration, qui a le temps devant elle, seule peut entreprendre cette œuvre.

Les voies et moyens seront peut-être un peu coûteux, mais la récupération sera vite faite, et voici ce que nous nous permettrions de conseiller.

La race du ver à soie en Indo-Chine est sans aucun doute très affaiblie, il faut alors, sans jamais songer à la changer, l'améliorer par la sélection des graines, et, par de meilleurs croisements, il faut la renforcer.

Le cocon produit devenant alors meilleur, plus fort, son traitement, sa manipulation, sa conservation seront plus faciles, et alors on pourra, tout en continuant, pour le moment, la filature familiale, introduire les bassines à feu nu ; cette réforme devra s'opérer autant que possible partout à la fois dans le pays, et cela sous la surveillance du Protectorat.

Le Tonkin possède, comme nous en parlons d'autre part, un bureau d'agriculture parmi les rouages de son administration. Il y aurait lieu d'y ajouter une grande et importante section de sériciculture qui serait composée d'un personnel mixte : Européens, indigènes et Chinois. Par des missions, ce personnel irait de là s'instruire des méthodes employées dans les pays voisins de la Chine, dans la province de Canton, y recrutant même des sujets instructeurs compétents et habiles.

Puis, chacun des membres de ce personnel ainsi préparé recevrait du bureau d'agriculture un district sous sa direction, où il irait enseigner et diriger les habitants des villages importants; il existerait aussi dans chacun de ces districts une magnanerie modèle qui fournirait aux paysans les graines choisies au microscope, suivant le procédé de Pasteur, employé pour régénérer, il y a quelque vingt ans, toute la race française.

Ces graines ainsi sélectionnées seraient seules reconnues et admises pour l'éducation.

Les inspecteurs de la section de sériciculture, placés sous le patronage des Conseils des Notables, auraient le droit d'entrer dans les « *cagnas* » pour vérifier les graines employées et les modes d'éducation pratiqués.

Puis, au moment de la récolte, par des concours, des primes importantes, honorifiques et pécuniaires pourraient être affectées aux familles, aux villages, ayant donné les meilleurs produits et les plus abondants.

Voilà pour améliorer la race, et conséquemment le cocon.

Quant à la filature de la soie, il est difficile, impossible peut-être, de songer à modifier, à améliorer tout d'un coup le système de filer, la production de cocons de chaque famille devant être, pour quelque temps encore, peu importante; alors conviendrait-il de passer par une période transitoire de leçon de choses plus complète, et je suggérerais l'idée, comme d'ailleurs cela se pratique en France pour d'autres produits, que dans chaque village, sous la direction du même bureau d'agriculture et la surveillance du Conseil des Notables, des filatures communales soient créées par le Protectorat, filatures simples, à feu nu encore, et dans lesquelles les paysans seraient tenus d'apporter leurs cocons.

Les cocons seraient filés en commun, au vu des gens du pays, puis réalisés pour le compte de la communauté, et le prix de la vente serait payé au prorata du poids de cocons apportés par chacun.

Je ne préconise pas ce système comme un système parfait, mais il fonctionne ailleurs, il est même nous le répétons en usage dans notre pays pour d'autres produits agricoles et, étant donné l'organisation des pays de l'Annam et du Tonkin, c'est le seul qui me paraît pratique et efficace au début d'une réforme qui conduirait à une régénération complète.

J'y vois la première étape d'une transformation qui plus tard devra être plus absolue, transformation qui peut-être se complètera toute seule, le jour où le paysan se convaincra de ses yeux que la soie qu'il produisait jadis pour le prix de 18 francs par kilogramme, ainsi améliorée par lui-même, vaudra 33 francs, sans augmentation sensible du prix de la main-d'œuvre. A ce moment, le temps sera venu où une société pourra se constituer, décharger le Protectorat et les communes de leur intervention, pour obtenir un perfectionnement plus complet encore, le prix de cette soie pouvant alors atteindre 36/38 francs à la parité des cours actuels des marchés.

En un mot, le cocon du Tonkin est l'égal de celui de Canton et peut ne lui céder en rien comme qualité ; sa production pourrait donc être, si on le voulait et si on en prenait les moyens, égale à celle de la province chinoise voisine qui s'élève aujourd'hui à 2 millions de kilogrammes ou 40.000 balles de soie filature, représentant une valeur de 65.000.000 francs. Pour l'obtenir c'est une question de temps et d'effort.

M. Beau, prenant ensuite la parole, expose qu'il est absolument d'accord avec M. Pila en ce qui concerne la politique générale.

Le gouverneur de l'Indo-Chine demande, toutefois, à faire quelques réserves au sujet de la colonisation et du rôle que M. Pila attribue à l'Etat. Il explique que l'Indo-Chine a vu beaucoup de colons qui étaient venus sur la foi d'articles enthousiastes les engageant à aller s'établir aux colonies ; ils pensaient qu'une bonne santé, du courage et l'appui de l'administration suffisaient. Ils commençaient par demander une concession très vaste naturellement, 1.000, 2.000 ou 5.000 hectares, sans savoir, trop souvent, ce qu'ils pourraient y cultiver ; tantôt, l'administration leur avait conseillé d'entreprendre les cultures riches, telles que les cafés, les cannes à sucre, tantôt la culture du riz, sur les terres qui avaient été autrefois cultivées par des indigènes.

Un certain nombre de colons ont obtenu le succès. Mais beaucoup ont échoué par ignorance des questions agricoles, l'agriculture doit s'apprendre, et pas seulement dans les livres, il faut encore la pratiquer.

M. le Gouverneur général constate que, si la colonisation du Tonkin n'a pas donné tout ce qu'on en attendait, ce n'est pas faute de subventions et de primes que l'Etat a distribuées généreusement.

Il estime qu'en Indo-Chine, comme partout ailleurs, on ne peut obtenir des résultats satisfaisants, tant au point de vue agricole qu'au point de vue commercial ou industriel, qu'avec des hommes intelligents, instruits et travailleurs, ayant à leur disposition des capitaux.

M. Ulysse Pila a dit que les entreprises réussiraient si l'Etat les secondait très activement. Pour M. le Gouverneur général, ce concours de l'Etat n'a jamais manqué ; il serait plutôt disposé à penser qu'il a été trop actif, car il a servi à soutenir des entreprises qui n'avaient pas de vitalité propre.

M. Pila a parlé de la richesse des terres du Tonkin, mais il convient de ne pas se faire d'illusions à cet égard. Si les terrains de l'Indo-Chine sont propres à certaines cultures, telles que le riz, par exemple, elles ne le sont pas à toutes indistinctement. Le sol de l'Indo-Chine est d'une fertilité moyenne et, en certaines parties, très médiocre. De plus, il ne faut pas oublier que cette terre, qui a la réputation d'être riche, doit faire vivre une population très dense, préoccupée, avant tout, de manger. Et c'est là un des obstacles que rencontre le développement des cultures autres que celles des produits vivriers. En outre, cette population agricole reste hésitante vis-à-vis de nos conseils. M. le Gouverneur général cite ce fait, qu'ayant pris un arrêté qui diminuait l'impôt sur les terrains plantés en mûriers, beaucoup de ces arbres ont été arrachés sur les rives des fleuves ; la population indigène avait fait ce raisonnement, qu'une diminution d'impôts devait cacher quelque projet et que, par conséquent, il valait mieux pour elle avoir lo moins possible de mûriers.

Ce qu'il faut faire en Indo-Chine, c'est donc l'instruction des colons agricoles et surtout l'éducation des indigènes, mais M. Beau estime qu'il est très difficile de faire ce que propose M. Pila pour la soie, c'est-à-dire de créer une sorte de culture officielle, une exploitation par l'Etat. Lorsque les indigènes auront

constaté les avantages que la culture du mûrier pourra leur procurer, cette culture se développera, car si le terrain n'y est pas
partout propice, il existe encore des terres disponibles, notamment
la vallée du fleuve Rouge, où le mûrier pourrait très bien
réussir en même temps que la culture des produits servant à l'alimentation de la population. Ce n'est donc que peu à peu que les
indigènes pourront être amenés à s'occuper de la culture du
mûrier. D'ailleurs, ce n'est pas le concours de l'Etat qui a fait
défaut jusqu'à présent, il a même été très actif. De nombreuses
petites sociétés agricoles indigènes ont été encouragées. Le jour
où l'indigène verra les bénéfices que l'industrie de la soie peut lui
procurer, grâce à une organisation actuellement à l'étude, nous
verrons cette culture se développer d'elle-même, non seulement
au Tonkin, mais en Annam et au Cambodge. M. le Gouverneur
général a très bon espoir, mais à condition que des capitalistes
donnent leur concours.

« Ce dont nous avons besoin, dit-il en terminant, ce sont des
capitaux et des hommes expérimentés, et je remercie la Chambre
de commerce de travailler si énergiquement à nous procurer ces
deux éléments essentiels de la prospérité des colonies. »

M. le PRÉSIDENT remercie M. Beau des observations qu'il
a présentées à la Chambre, en réponse au rapport de M. Ulysse
Pila. Il lui sait gré d'avoir bien voulu passer en revue, en toute
franchise et sans rien dissimuler des difficultés diverses qu'on
rencontre, les différents aspects du problème indo-chinois.

Certaines des observations de M. le Gouverneur général, dit
M. le Président, n'ont fait que confirmer nos propres sentiments,
notamment en ce qui concerne la nécessité de ne pas traiter les entreprises coloniales comme des choses qu'on peut improviser. M. Beau a
fait, avec raison, la critique du brave colonial qui se croit digne de tout
succès parce qu'il jouit d'une robuste santé, qu'il ne craint pas la peine
et n'a peur de personne. Il y a longtemps que nous sommes
convaincus ici que le seul genre de colon susceptible de réussir est
celui qui a d'abord un métier qu'il connaît bien, et ensuite un petit

capital pour s'établir et doubler le cap de la période d'essai et d'acclimatation. Il y a quelqu'un ici qui doit se réjouir des paroles de M. Beau, c'est M. Charles-Roux, président de l'Union coloniale, laquelle n'a jamais cessé d'insister sur ces deux points dans les conseils qu'elle donne aux futurs colons. On peut résumer ainsi les observations de M. le Gouverneur général : les colonies ne sont nullement des pays où il suffit de se transporter pour réussir et s'enrichir. Il est absolument indispensable de s'y préparer, et cette préparation est double ; elle comporte une formation personnelle et la constitution d'un capital de premier établissement. C'est encore une fois ce que nous avions eu en vue en créant notre Enseignement colonial. Nous voulions amener sur les mêmes bancs les fils des familles aisées et ceux de la démocratie laborieuse. Les uns et les autres se seraient épris des grandes idées coloniales, les uns pour concevoir et commanditer les entreprises, les autres pour les mettre à exécution, payer de leur personne, braver les intempéries, travailler de leurs mains ou faire travailler les indigènes sous leurs yeux. C'était une application du principe fécond de l'association.

La composition de nos auditoires n'a pas répondu autant que nous l'aurions voulu à cette double conception. Nous devons reconnaître que les jeunes gens riches se sont montrés moins nombreux que les fils de la démocratie, avides d'améliorer leur sort et de se créer un avenir, fût-ce au prix de quelques risques. Le capital qui consent à s'aventurer dans les entreprises coloniales n'est pas souvent un capital de jeunes, c'est plutôt celui de gens d'un âge mûr, ayant assez de réserves pour risquer une certaine proportion de leur avoir sans se compromettre largement. Mais l'expérience de notre enseignement, malgré ses six années de durée, n'est pas complète et définitive. En toute matière coloniale le développement ne se fait qu'avec lenteur. Il faut savoir attendre.

Un des points sur lesquels M. le Gouverneur général a insisté, est la densité de la population tonkinoise par rapport à la richesse du sol. Notre excellent collègue, M. Ulysse Pila, n'est point pessimiste ; il aime à croire à la richesse naturelle de notre colonie, mais, pour M. Beau, cette richesse est très inégale, et l'accroissement de la population n'est pas sans l'inquiéter.

Pour nous, cette augmentation de la population n'est pas un phénomène alarmant. Dans certains pays d'Europe, comme la Lombardie que M. Beau a citée, la densité de la population marche de pair avec l'activité économique. L'un crée l'autre. La densité est aussi un stimulant ; elle développe le besoin de travailler, rend ingénieux et dur à la peine. On en pourrait trouver des exemples non loin d'ici, de l'autre côté des Alpes. Les populations, une fois entraînées au travail, ne se bornent pas, si elles sont sagement administrées, à travailler pour subvenir à leurs besoins. Elles créent du superflu, des produits d'échange, des éléments de commerce. Au point de vue fiscal, elles présentent une base de perception plus solide qu'une population clairsemée. Partout où une population tend à devenir trop nombreuse, il y a des chances pour qu'elle développe ses aptitudes commerciales. C'est une note d'espérance qu'on peut tirer de la conversation qui vient d'avoir lieu.

Et parmi les industries en germe qui peuvent sans grande peine aider à faire vivre une population nombreuse, il est de notre devoir, Monsieur le Gouverneur général, de vous recommander la soie. Vous en avez parlé comme d'un sujet qui vous est déjà familier et nous vous remercions tout d'abord de l'attention que vous lui avez déjà accordée. Le problème soyeux est l'origine même de l'intérêt que le commerce lyonnais a pris aux choses du Tonkin. Si nous n'avions pas cru qu'il fût possible d'y développer la production de la soie, beaucoup d'entre nous se fussent montrés plus indifférents à l'occupation de ce pays.

On a essayé de divers procédés pour améliorer et augmenter la production de ce textile. Aucun n'a sérieusement réussi. M. Pila vient de vous proposer de nouvelles méthodes. Vous ne paraissez pas les croire faciles à réaliser; elles comportent, à votre avis, une intervention de l'État. Nous non plus, nous ne sommes guère partisans de l'intervention de l'État. Il y a cependant des circonstances exceptionnelles qui la justifient, au moins pendant un certain temps, et quand c'est le seul moyen de vaincre l'apathie et l'ignorance. Lorsqu'il s'agit de populations déjà avancées en civilisation et suffisamment éclairées sur leurs propres intérêts, l'intervention de l'État est chose non seulement inutile, mais nuisible. Quand il s'agit, au contraire, de races engourdies qui ont entre les mains un moyen de s'enrichir et ne savent pas ou ne veulent pas s'en servir, on ne peut blâmer l'État de faire au moins quelques essais pour réaliser des progrès.

Dans ce même domaine de la sériciculture, les Européens sont bien intervenus, il y a quarante ans, à Canton pour montrer aux Chinois comment ils pourraient tirer un meilleur parti de leurs produits. Le succès des soies de Canton nous fait toujours penser au succès analogue qu'on est en droit d'attendre des soies du Tonkin.

Mais nous reconnaissons, avec vous, que la tâche est complexe et délicate. Ce qui ne veut pas dire le moins du monde qu'elle nous effraie pour vous, car vous avez déjà donné des preuves de la manière sage et prudente dont vous compreniez le rôle que vous a confié le

Gouvernement de la République. Ce que vous avez déjà fait nous promet de nouveaux résultats plus grands encore.

Nous vous remercions sincèrement des renseignements que vous venez de nous donner. Nous garderons de cet entretien l'impression que le pays qui vous est confié suit normalement la voie du progrès et du développement économique. Ce n'est point la terre promise des faiseurs de rêves, mais c'est une bonne terre à faire valoir pour des gens appliqués, laborieux et prudents.

M. le président Isaac a levé ensuite la séance en rappelant à M. Beau qu'il avait également accepté de prendre part au banquet que la Chambre offrait le soir même en son honneur.

Banquet offert à M. le Gouverneur général de l'Indo-Chine

A sept heures, un banquet de cent couverts avait lieu dans le grand salon de la Chambre, décoré de trophées de drapeaux et de verdures.

A ce banquet, présidé par M. Aug. Isaac, ayant à sa droite M. Beau, gouverneur général de l'Indo-Chine, et à sa gauche M. le général de Lacroix, gouverneur militaire de Lyon, prirent place : MM. Ed. Aynard, président d'honneur de la Chambre de commerce, député du Rhône ; Alapetite, préfet du Rhône ; Joubin, recteur de l'Académie : Brizon, président du Tribunal de commerce ; Charles-Roux, ancien député, commissaire général de l'Exposition coloniale de Marseille en 1906 ; Hardouin, consul de France, chef du cabinet de M. Beau ; Faucon, officier d'ordonnance de M. Beau ; Balland, secrétaire général de la préfecture ; Coignet, vice-président ; Vindry, secrétaire ; Chambeyron, trésorier, et les autres membres de la Chambre de commerce ; de Montgolfier, président de la Chambre de commerce de Saint-Etienne ; Meyzonnier, président de la Chambre de commerce d'Annonay ; F. Pila, consul de France ; les membres du bureau de l'Union des Chambres syndicales lyonnaises ; les présidents des syndicats adhérents à cette Union ; le président de l'Alliance des Chambres syndicales ; les industriels et négociants de la région en relations d'affaires avec l'Indo-Chine et la Chine ; les professeurs de l'enseignement colonial de la Chambre de commerce et des institutions patronnées par la Chambre ; Charbonnier, syndic des agents de change ; Chappet, président de la Société de géographie ; Frachon, commissaire régional de l'Exposition coloniale de Marseille, etc., etc.

Au dessert, M. le président Isaac s'est exprimé ainsi :

Monsieur le Gouverneur général de l'Indo-Chine,

J'ai eu, cet après-midi, le très grand honneur de vous souhaiter la bienvenue au nom des membres de la Chambre de commerce de Lyon, ce soir, j'ai le plaisir de vous souhaiter de nouveau la bienvenue au nom d'un plus grand nombre de personnes.

En acceptant, il y a une quinzaine de jours, l'invitation que nous vous adressions et en nous promettant de vous arrêter au milieu de nous au moment de reprendre le chemin de l'Indo-Chine, vous avez, avec une modestie qui n'étonnera pas ceux qui vous connaissent, insisté pour que notre réception conservât un caractère d'intimité. Nous avons respecté votre désir, mais, malgré tout, la réception intime ne se compose pas moins d'une centaine de convives. C'est qu'en effet les amis intimes de l'Indo-Chine sont nombreux dans notre ville. La colonie que vous gouvernez compte ici des croyants de la première heure, des fidèles et des fervents. Il y en a qui sont des adorateurs platoniques, mais il en est beaucoup d'autres qui ne se bornent point à la conviction théorique des bienfaits de la colonisation indo-chinoise et qui sont, depuis longtemps, entrés dans le domaine de la réalité pratique.

Je vais avoir l'honneur de vous présenter quelques convives qui ont, si vous me permettez cette expression familière, mis la main à la pâte en matière coloniale.

Permettez-moi de vous présenter en premier lieu un des conquérants du Tonkin, mon voisin de gauche, le général de Lacroix, actuellement commandant du XIVe corps d'armée, et gouverneur militaire de Lyon. C'est un de ceux qui ont droit à la reconnaissance du pays, puisqu'ils ont pris une part personnelle à la constitution de notre empire colonial. Il ne faut pas oublier, maintenant que nous voyons la colonie en pleine jouissance de la sécurité et de la paix, que cette sécurité et cette paix sont le fruit de longs efforts et de sacrifices répétés. C'est au milieu de difficultés sans cesse renaissantes que notre occupation s'est effectuée, après des luttes pénibles et des pertes douloureuses où beaucoup de nos concitoyens, vaillants officiers ou soldats intrépides et endurants, ont perdu la vie ou la santé. Il nous est particulièrement agréable aujourd'hui, Monsieur le Gouverneur militaire, avant de commencer à nous entretenir de ce sujet très pacifique qu'est la mise en valeur de l'Indo-Chine française, de rendre en votre personne un hommage rétrospectif à ceux de nos braves soldats qui furent les conquérants de ce domaine. *(Applaudissements.)*

Vous trouverez aussi, Monsieur le Gouverneur général, au milieu de cette intimité qui a tenu à se grouper autour de vous, ceux qui ont plus particulièrement collaboré dans notre ville à propager le goût des choses coloniales, les membres les plus anciens de la Chambre de commerce de Lyon, M. Aynard, M. Pila que vous connaissez de longue date, et, puisque cet attrait pour les choses coloniales s'est traduit par la création d'un enseignement spécial, vous trouverez non loin de vous le représentant de l'Université de Lyon, Monsieur le Recteur, qui, comme son prédécesseur, tient à cœur de montrer que l'Université de France peut s'adapter aujourd'hui à tous les besoins particuliers des milieux dans lesquels son enseignement est donné. C'est avec le concours de l'Université de Lyon, des professeurs des Facultés, que nous avons pu donner à notre enseignement colonial le prestige — j'ose employer ce mot — qu'il a acquis depuis un certain nombre d'années. Grâce à la bienveillance de l'Université de Lyon, les hommes éminents que nous avions choisis tout d'abord pour professer des matières coloniales ont trouvé à la Faculté un accueil qui les a relevés, qui a relevé leur autorité, leur prestige vis-à-vis de leurs élèves et de leurs confrères. Ils y ont trouvé également des facilités nouvelles pour étendre la portée de leur enseignement.

C'est là, Messieurs, un des heureux effets de cette entente qui existe le plus souvent à Lyon entre les divers représentants des institutions qui n'ont pas oublié les bonnes traditions de notre vieille cité et s'entr'aident pour faire le bien ou en répandre le goût.

Notre enseignement colonial est, comme vous le savez, un des liens qui nous rattachent à votre Gouvernement général; c'est de l'un de vos prédécesseurs qu'est venu le principal encouragement à cette pensée qui nous avait traversé l'esprit d'entreprendre comme une sorte d'apostolat nouveau vis-à-vis de la jeunesse, en la poussant à s'occuper des choses coloniales. Nous avons pensé que les jeunes gens qui, dans ce pays, trouvent l'existence monotone et l'horizon un peu trop borné, sauraient se rappeler que la France possède un empire colonial qui n'est pas mis encore en valeur, que les bonnes volontés, que les intelligences pourraient y trouver un emploi, et c'est de cette pensée que sont nés les cours dont le succès est assuré à l'heure présente. Et c'est grâce particulièrement aux subsides qui nous sont donnés par le Gouvernement général de l'Indo-Chine, que nous avons pu donner à cet enseignement toute l'ampleur qu'il mérite.

Parmi vos amis intimes, je dois dire, Monsieur le Gouverneur, que nous ne comptons pas seulement des Lyonnais; l'affection qu'on professe dans notre région pour les choses coloniales, le goût qu'on a pour l'Asie française, n'est pas limité aux rives du Rhône et de la Saône.

Nous avons, dans cette région dont nous sommes la capitale — ceci dit sans la moindre prétention — d'autres Chambres de commerce qui se sont adonnées à l'étude des questions coloniales, et je suis heureux de saluer ici les présidents de Chambres de commerce qui ont été nos collaborateurs dans l'œuvre que nous avons entreprise il y a tantôt dix ans, lors de la formation de la Mission lyonnaise en Chine. Sur le drapeau de cette mission on voyait bien, en relief, les armes de Lyon, mais parmi ses membres il y avait aussi des Marseillais, des Stéphanois, des représentants de l'industrie roannaise et des représentants des différentes industries des départements voisins; et l'empressement qui se manifeste à recevoir ici le gouverneur général de l'Indo-Chine est comme la prolongation de ce mouvement d'action coloniale qui unissait dans un même élan, il y a dix ans, les Chambres de commerce de notre région.

J'en prendrai volontiers à témoin le Président de l'Union coloniale, M. Charles-Roux, qui est en même temps le représentant de la Chambre de commerce de Marseille à ce banquet.

C'est lui qui va organiser dans sa ville natale une nouvelle Exposition coloniale, digne fille de celle que l'Exposition de Paris, en 1900, a due à son talent, à son activité et à son bon goût. Nous le remercions d'avoir bien voulu être des nôtres aujourd'hui. Si sa présence est une marque de déférence pour le Gouverneur général de l'Indo-Chine, elle est pour nous une marque de sympathie dont nous ne sommes pas étonnés, mais dont nous lui sommes reconnaissants.

Monsieur le Gouverneur général, nous avons parlé cet après-midi dans l'intimité un peu austère de la Chambre de commerce de Lyon, non pas autour d'une table garnie de fleurs, comme celle-ci, mais autour du traditionnel et solennel tapis vert, des questions qui préoccupent nos concitoyens en matière coloniale et plus spécialement de l'Indo-Chine française. Ces questions sont particulièrement intéressantes à l'heure qu'il est, en ce sens que des esprits portés à une certaine mélancolie, à un certain pessimisme, se sont demandé récemment si, malgré tous les efforts et tous les sacrifices qu'on avait faits pour l'Indo-Chine française, on avait obtenu ou on ne pourrait jamais obtenir des résultats équivalents à ce qu'elle nous avait coûté.

Il s'est passé dans le courant de cette année des événements d'une très grande importance au point de vue historique, politique et militaire, et, à l'occasion de ces faits, à l'occasion de la grande lutte qui a mis aux prises dans l'Extrême-Orient une vieille nation européenne et une jeune nation asiatique, on a raconté bien des choses, les journaux ont commis bien des indiscrétions (c'est leur habitude, c'est leur profession, c'est presque une obligation pour eux), et parmi ces divulgations s'est trouvée l'annonce de la prochaine conquête de l'Indo-Chine française par une armée japonaise!

Cette nouvelle sensationnelle était peut-être de nature à refroidir l'ardeur d'une partie de nos concitoyens en matière de colonisation. D'autres faits, les impatiences, les embarras, les déceptions inhérents à ces entreprises coloniales ont fait exagérer des menaces et des périls que nous pressentions n'avoir jamais existé, et ont pu ébranler la foi d'un certain nombre de personnes dans l'avenir de notre colonie d'Indo-Chine. C'était donc pour nous une occasion particulièrement heureuse de pouvoir, en rendant hommage et en exprimant nos sentiments de gratitude au Gouverneur général de l'Indo-Chine française, traiter avec lui cette grande question de l'avenir de notre colonie, entendre de sa bouche les assurances qu'il pourrait nous donner sur sa prospérité, sur les difficultés partielles qu'elle a encore à surmonter, sur les réformes qu'il convient d'introduire dans nos méthodes administratives comme dans les procédés d'exploitation de nos colons.

Je n'ai pas, vous le comprendrez, Messieurs, à vous faire confidence entière et détaillée des propos échangés cet après-midi autour du tapis vert, mais ce que je puis en conclure, c'est que les pessimistes qui se sont laissés émouvoir, il y a quelques semaines, par les divulgations sensationnelles dont je parlais tout à l'heure, doivent modestement rentrer dans le silence. Il n'est absolument pas question d'un danger quelconque pour l'Indo-Chine française; notre colonie (je n'ai pas à traiter ici la question de la défense militaire) se trouve, au point de vue général, dans une situation qui lui permet d'envisager, en toute tranquillité, les questions de toute espèce qui intéressent son avenir.

Laissons donc de côté toute appréhension d'événements extérieurs et occupons-nous seulement de savoir si cette belle colonie est actuellement en voie de prospérité ou en voie de décadence.

Nous avons eu l'occasion de recevoir ici même d'autres gouverneurs de l'Indo-Chine française et, il y a quatre ans, le prédécesseur de M. Beau, M. Doumer, qui nous a exprimé sa confiance en termes chaleureux qui ne permettaient, en quelque sorte, aucun doute. La confiance de M. Doumer était-elle justifiée? Les faits semblent l'avoir prouvé, bien qu'il soit permis à certains égards d'avoir, sur la marche de la colonie et sur sa direction, des conceptions différentes de celles de M. Doumer. M. Doumer nous a cité, il y a quatre ans, le chiffre d'un demi-milliard d'affaires comme devant être bientôt atteint par le commerce de notre colonie. Nous n'en sommes pas encore tout à fait au demi-milliard, mais le commerce de la colonie progresse sensiblement. Après l'Algérie, c'est l'Indo-Chine qui figure au premier rang sur les tableaux de nos exportations coloniales; pour les impor-

tations, elle vient après la Tunisie. Depuis cinq ans, le chiffre total
de nos affaires avec l'Indo-Chine a augmenté de 22 pour 100, et pendant ce temps-là les affaires qu'elle a faites avec le reste du monde
n'accusent aucune défaillance.

Donc, le commerce de l'Indo-Chine est en voie de prospérité. Ceci ne
veut pas dire, Messieurs, qu'il n'y a pas de problèmes à résoudre, de questions embarrassantes à trancher, il en est assurément, et une des plus
délicates peut-être, c'est la question fiscale. Quelles sont les charges
que peut supporter notre colonie ? Quelles sont les dépenses que la
Métropole peut lui faire payer ? Des travaux publics considérables
ont été entrepris ; comment le pays pourra-t-il en rembourser le coût ?
Dans quelle mesure faut-il taxer l'indigène et comment l'amener
progressivement à ce signe distinctif des États civilisés, à la dignité de
contribuable ?

Dans un discours que nous faisait ici, il y a dix ans, notre président
d'honneur, M. Aynard, lors d'un grand banquet offert par notre
Chambre pour célébrer l'ouverture de l'Exposition de Lyon, il nous
disait dans quel esprit notre pays devait comprendre ses rapports avec
les peuples soumis à sa loi. « La France, disait-il, a conquis un empire
colonial, non pas pour opprimer des peuples, pour les pressurer et les
exploiter, mais pour améliorer leur sort et les faire avancer dans la
voie du progrès et de la civilisation ». Ces mots résument, j'en suis
sûr, messieurs, votre opinion sur la matière, c'est celle de tous les
Français raisonnables et réfléchis. *(Applaudissements.)*

Oui, il faut élever l'indigène à la dignité d'un civilisé comme nous
l'entendons, c'est-à-dire d'un homme qui comprend les services qu'on
lui rend et s'habitue à en payer le prix. Mais pour qu'il puisse payer,
il faut tout d'abord qu'il augmente ses propres ressources par un
travail soutenu et intelligent. Il faut qu'il devienne à la fois et meilleur producteur, et meilleur consommateur, et meilleur contribuable.
C'est là qu'est le problème, et le problème n'est pas sans difficulté.
L'établissement d'une certaine fiscalité est nécessaire, mais elle doit
être toute d'opportunité, de tact et de mesure.

Ceci m'amène à parler d'une des préoccupations actuelles du monde
colonial, celle de la conduite à tenir à l'égard des indigènes, des moyens
à employer pour les faire travailler, les arracher à leur paresse naturelle et leur faire payer l'impôt. L'école de la douceur a de nombreux
partisans dont quelques-uns poussent peut-être la mansuétude un peu
loin. Nous en tenons, nous, pour l'école de l'humanité tout simplement,
celle qui n'exclut pas la fermeté, mais comporte le respect de l'homme
sous toutes les latitudes, et nous voyons dans ce respect une obligation
de conscience d'autant plus stricte que la distance est plus grande entre

le civilisé qui commande et le naturel qui doit obéir, mais qui ignore tout ou beaucoup de choses de cette civilisation qu'on lui apporte.

L'Indo-Chine, heureusement, n'est pas le théâtre de ces violences qu'on a eu à déplorer dans d'autres colonies. Il faut en faire honneur à ses administrateurs, en même temps qu'au caractère essentiellement pacifique des peuples eux-mêmes. C'est grâce à cette politique d'humanité et de douceur qu'on fera plus facilement accepter notre régime fiscal. Je suis convaincu, Monsieur le Gouverneur général, que ces sentiments sont ceux qui vous animent, et que, d'un bout à l'autre de la colonie, vous les inspirez à vos subordonnés, soucieux à la fois de faire rendre au pays que vous gouvernez ce qu'il est susceptible de rendre à la France et de faire aimer la France par ceux dont les destinées se sont trouvées mêlées à la sienne.

Ce que nous avons dit aussi autour du tapis vert cet après-midi a trait à plusieurs questions qui intéressent spécialement le commerce et l'industrie de notre ville. Vous pensez bien, Messieurs, qu'il y fut question de la soie. Nous avons examiné avec M. le Gouverneur général, le moyen de développer au Tonkin la production des soies indigènes, de les améliorer, de leur faire une réputation et un marché. Nous sommes hantés par le souvenir des succès obtenus dans une contrée voisine, à Canton, et nous voulons arriver, dans quelques années, aux mêmes résultats. C'est peut-être une grande ambition, mais nous ne savons pas nous en défendre. M. Beau a des projets fort intéressants à ce sujet, M. Pila aussi. Nous en attendons beaucoup.

Mais notre espérance et l'ardeur de nos désirs ne nous font point oublier qu'il faut être patients en matière de colonisation. Esprit de suite et patience, ce sont les deux grands facteurs de toute politique coloniale. C'est parce que nous croyons à la nécessité de l'esprit de suite que nous aimons à voir les gouverneurs rester longtemps à la tête de leur gouvernement. C'est parce que nous savons que les résultats ne peuvent s'obtenir en un jour, que nous prêchons la patience à tous les coloniaux.

Nous nous rappelons la réponse de ce grand orateur de la Révolution à qui l'on demandait comment il triompherait de ses ennemis : de l'audace, encore de l'audace, et toujours de l'audace ! En matière de colonisation, je crois qu'on peut répondre : il faut assurément de l'audace, mais encore de la patience et toujours de la patience ! *(Très bien !)* Lorsqu'on développe une colonie, c'est un peu comme lorsqu'on a planté un gland, il faut attendre un certain nombre d'années avant de voir pousser le chêne. Beaucoup de personnes n'ont pas pu prendre leur parti de cette nécessité d'attendre et se sont imaginé que la colonisation pouvait donner immédiatement des résultats palpables et fructueux. C'est là une grave erreur ; il n'y a que la patience, la persévérance et l'esprit de suite qui puissent faire produire aux colonies des résultats sérieux. Ce ne sont pas de ces affaires qu'on peut mener à l'éperon et à la cravache. Il faut suivre son chemin prudemment, pas à pas, avec circonspection, prêt à revenir sur ses pas, si l'expérience nous montre qu'on a fait fausse route, ne pas se décourager d'une première erreur, ou même d'accidents renouvelés, garder sa foi et son espérance, et agir courageusement en vue d'une compensation future.

Je suis convaincu, Monsieur le Gouverneur général, que ces idées sont aussi les vôtres, et que vous vous en êtes déjà inspiré en mainte occasion.

On a dit que le génie était une longue patience. Cela s'applique aussi au génie de la colonisation.

La patience, du reste, n'exclut pas la confiance et l'effort, ce n'est ni le sommeil, ni l'inaction. Cela n'empêche pas les hommes de valeur d'agir et de multiplier les essais. Vous le savez bien, Monsieur le Gouverneur général, vous qui donnez à tous l'exemple du travail soutenu et fécond.

Nous qui vivons tranquilles au sein de nos bonnes villes de l'intérieur, et qui ne connaissons pas les responsabilités d'un administrateur consciencieux, placé par la confiance de la République à la tête d'un gouvernement difficile, nous devons avoir un sentiment de reconnaissance pour les hommes comme M. Beau. Travailleurs silencieux et modestes, ils vont, en observant les hommes et les choses, poursuivre un noble idéal, celui de bien représenter la France, de la faire respecter, de la faire aimer, de transformer en succès définitif une série d'expériences qui ne furent pas toujours heureuses. Ils se soucient moins de la réputation d'un jour, et des louanges de la presse, que du jugement qu'on portera plus tard, quand on pourra considérer leur œuvre avec un peu plus de recul. Alors nos enfants, si ce n'est nous, en faisant l'histoire de nos entreprises coloniales, diront : celui-là fut un sage et bon serviteur du pays, on fit bien de lui confier le drapeau de la France, tous les bons citoyens lui doivent de la reconnaissance.

C'est, Messieurs, ce qu'on dira plus tard en parlant du passage de M. Beau au gouvernement de l'Indo-Chine. C'est pourquoi je lui exprime en votre nom tous nos remerciements et tous les vœux que nous faisons pour lui, pour sa santé et pour ses succès, et je vous invite à lever vos verres en son honneur. *(Applaudissements.)*

M. Beau, Gouverneur général, a répondu à ce toast :

Messieurs,

Je remercie votre Président des paroles trop élogieuses qu'il vient d'adresser au modeste serviteur de la France que je suis. Il mériterait cependant que je lui en fasse reproche, car il connaît mes sentiments à cet égard et il sait combien peu j'aime les manifestations personnelles. Mais je veux voir dans celle-ci la preuve de l'intérêt que la Compagnie à la tête de laquelle il est placé et la ville de Lyon tout entière portent à l'Indo-Chine. J'ai été heureux en particulier d'entendre tout à l'heure de sa bouche autorisée l'expression si confiante de votre foi dans l'avenir de notre grande colonie d'Extrême-Orient. Ces sentiments me vont au cœur ; c'est un langage réconfortant qui sera entendu en Indo-Chine par tous ceux qu'avaient émus tant de paroles décourageantes, tant de défaillances à l'heure critique où le canon grondait en Extrême-Orient.

Je voudrais, Messieurs, ajouter quelques traits à ceux que traçait tout à l'heure M. Isaac sur la situation de notre colonie d'Extrême-Orient ; je ne pourrai malheureusement faire entendre que des redites, car je n'ai cessé de saisir toutes les occasions pour m'exprimer sur le grand danger qui menaçait, disait-on, l'Indo-Chine. Vu de près, ce danger paraît plus imaginaire que réel ; les accords qui se sont produits entre l'Angleterre et le Japon et qui ont modifié dans une si large mesure la situation respective des puissances en Extrême-Orient, ces accords, comme le disait M. Isaac tout à l'heure, doivent nous rassurer de la façon la plus complète.

La France a suivi en Extrême-Orient depuis longtemps, sinon toujours, une politique résolument pacifique ; elle a défendu au regard de la Chine et de toutes les puissances le *statu quo* de la Chine. Or les accords qui viennent de se conclure ont le même objet et ne tendent qu'à maintenir le *statu quo*. D'aucuns se sont inquiétés de la transformation qui se fait actuellement dans le grand Empire chinois. Messieurs, quand on parle de la Chine, il faut toujours avoir à l'esprit l'immensité de cet empire et la complexité de cet organisme énorme ; et quand on voit quelle secousse produit chez une nation européenne un changement d'orientation politique, quand on suit comme nous suivons nous-mêmes, avec une angoisse croissante, l'effort si long et si douloureux de la nation amie et alliée vers la liberté, comment n'être pas frappé de la disproportion qui existe entre la crainte qu'on manifeste de la transformation de l'Empire chinois et l'énormité de l'œuvre qu'a entreprise cette impératrice septuagénaire qui entreprend la réforme de cet empire de quatre cent millions d'hommes.

Messieurs, pas plus cette transformation administrative que la trans
formation militaire ne peut être réalisée sans un laps de temps infiniment long, sans des circonstances éminemment favorables, et nous
assisterons, avant que l'Empire chinois soit unifié, avant que le plan
de centralisation administrative soit réalisé, avant que l'armée unifiée
puisse devenir un instrument de guerre et de combat répondant véritablement à son but entre les mains d'un chef belliqueux et entrepre-
nant, nous assisterons à bien des changements, à bien des retours en
arrière. J'estime que, là encore, nous ne devons pas prendre ombrage :
au contraire, la France doit prêter son concours à cette œuvre de régénération morale et économique. L'Indo-Chine a déjà commencé à l'y
aider.

Nous nous efforçons de disputer au Japon la clientèle des étudiants
que la Chine envoie à l'étranger et je suis heureux de vous faire part
du succès de cette école française à laquelle nous avons donné le nom
de Pavie, synonyme de bienveillance, de bonté et de civilisation. J'ai eu
le plaisir de fonder cette école où déjà affluent les jeunes mandarins du
Yun-nam. J'ai demandé récemment à l'Institut de désigner deux jeunes
gens sortant de l'École des Langues orientales et qui viendraient se
préparer dans notre École française à entrer dans les universités chinoises le jour où celles-ci s'ouvriront et demanderont, comme chargés
de cours, des jeunes gens instruits et aptes à y faire pénétrer nos
idées. En même temps que nous prenons part à l'évolution morale de
la Chine, nous devons nous efforcer de prendre part à sa transformation économique.

On vous a parlé, tout à l'heure, des grandes entreprises à faire en
Chine. Qu'elle le veuille ou non, elle sera, dans un temps assez rappro-
ché, sillonnée de chemins de fer, et, quelques difficultés qu'on puisse
rencontrer pour arracher à ce gouvernement chinois, hésitant, rebelle
aux idées nouvelles, aux conceptions nouvelles, des conditions qui les
rendent acceptables, nous verrons se développer en Chine de très
grandes entreprises. Nous sommes déjà sur les rangs pour quelques-
unes, et spécialement pour les chemins de fer. Nous avons fait la
la ligne de Han-keou à Pékin nous sommes en train de réaliser cette
grande œuvre du chemin de fer du Yun-nam, difficile entre toutes, car
j'assiste depuis deux ans aux efforts que fait la Compagnie française
pour réaliser cette œuvre véritablement gigantesque, nécessitant un
effort de tous les jours. Malgré ses difficultés, l'œuvre se poursuit et
s'achève ; déjà nous avons amené les rails jusqu'à Lao-kai ; j'espérais
que ce serait M. le Ministre des colonies, au cours de son voyage en
Orient, qui en aurait fait l'inauguration. Tout sera prêt dans quelques
semaines, et je pense qu'à mon retour en Indo-Chine, la ligne ne tar-

dera pas à être ouverte. Nous ne sommes qu'à 150 kilomètres de Mong-tze et du plateau Yunnanais, nous y arriverons dans deux ou trois ans au plus. Ce jour-là, le Yun-nam sera ouvert à la colonisation française.

Ce sont-là, Messieurs, des perspectives qui doivent nous rassurer, et nous ne devons pas craindre les changements qui accélèrent le mouvement de transformation de la Chine. Si nos ingénieurs, nos savants y jouent un rôle considérable, nos commerçants, et les commerçants lyonnais en particulier, si nombreux dans ces grandes communautés françaises si intéressantes, si vivantes, de Canton, de Shanghaï, de Han-kéou, de Tien-tsin, ces commerçants établis dans les concessions françaises jouent un rôle non moins utile auprès des Chinois qui sont, avant tout, des hommes de commerce. Grâce à eux, nous sommes au premier rang du commerce d'exportation ; grâce à Lyon qui achète pour 200 millions de soie, nous sommes, on peut l'affirmer, les meilleurs clients de la Chine ; les autres lui vendent plus qu'ils n'achètent ; nous, nous lui achetons plus que nous lui vendons.

Donc, Messieurs, pas plus du côté anglo-japonais que du côté chinois, côté chinois militarisé, nous n'avons d'inquiétude à avoir. Devons-nous en concevoir au point de vue intérieur ?

M. Isaac nous à fait tout à l'heure un tableau, dont je le remercie, de l'administration de l'Indo-Chine telle qu'elle est et telle qu'elle a existé sous mes prédécesseurs. Il est certain que l'œuvre que nous avons entreprise en Indo-Chine, et qui est loin d'être achevée, est considérable : malgré le déchaînement de critiques qui se fait jour depuis quelques années, on peut affirmer que de grandes choses ont été faites.

Le général de Lacroix me disait tout à l'heure qu'il serait curieux de revoir Hanoï. Qu'il me permette de lui dire que son étonnement serait grand et qu'il ne verrait plus comme autrefois une ville, ou plutôt un village, un amas de cases abritant 25.000 habitants, mais deux, trois villes agglomérées, une cité moderne de 75.000 habitants, avec de très beaux monuments, une ville absolument française. Il reste encore des vestiges du viel Hanoï, mais la transformation se poursuit, attestant l'effort prodigieux qui a été fait en quelques années, depuis que nous avons mis le pied sur cette terre.

Si nous examinons l'œuvre faite en matière de travaux publics, d'assainissement, d'hygiène, nous voyons qu'en somme l'œuvre de la France a été une œuvre bienfaisante entre toutes et qu'elle fait honneur à ceux qui l'ont entreprise. (*Applaudissements.*)

Est-ce à dire que tout soit parfait ? Je ne le pense pas : l'erreur initiale de notre politique a été l'abandon, pour certaines parties de l'Indo-Chine, de la politique du protectorat ; cette forme politique existe encore cependant dans certains endroits et nous pouvons juger aujourd'hui de la valeur des deux systèmes. Le protectorat existe, dis-je, encore aujourd'hui dans certaines parties telles que le Cambodge et l'Annam central ; c'est à la faveur de cette institution que le Cambodge jouit d'une tranquillité parfaite, c'est le pays qui dépense le moins d'argent pour les fonctionnaires et où le mouvement pourra s'accentuer vers le progrès avec le plus de facilité et la moindre résistance.

En Annam, malgré des difficultés plus grandes, résultant du goût traditionnel des choses anciennes, des conditions générales et de l'orgueil qui résulte d'une longue civilisation, nous pouvons facilement gouverner le pays avec un nombre infime de fonctionnaires, le développement se produit sans le moindre effort. Le protectorat a cet immense avantage qu'il sépare ce qui doit être séparé, il laisse chacun à sa place, chacun sait ce qu'il a à faire. Au contraire, là où nous l'avons supprimé, en Cochinchine avec le régime de l'administration directe, au Tonkin avec celui de l'administration semi-directe, tout est mélangé. Il y a contact continuel des personnes, mélange des lois, des civilisations. C'est là qu'on nous invite à appliquer la politique d'association. Eh bien, autant la politique de protectorat est facile, autant la politique d'association est délicate à pratiquer. Cette politique exige ce que Montesquieu mettait à la base du régime républicain : la vertu ; or, on peut dire des coloniaux ce que Nietsche a dit des créateurs : ils sont durs entre colons et fonctionnaires coloniaux d'une part, mandarins et population indigène d'autre part, issus de civilisations si différentes, l'un vainqueur, l'autre vaincu, l'un à la main sinon lourde, du moins inexpérimentée, l'autre craintif et timide ; le contact devait être inévitablement pénible. Aussi devons-nous, dans la pratique de cette politique d'association, délimiter soigneusement les éléments qui devront concourir à la former. Nous devons, avant tout, créer, préparer le terrain de cette politique, et je ne crois pas qu'il soit encore prêt dans la plupart des cas.

L'un des éléments principaux de cette politique sera l'instruction, et d'abord celle de nos fonctionnaires. Il faut que nos fonctionnaires apprennent à connaître à fond le pays, ses lois, ses mœurs, ses usages ; qu'ils se façonnent complètement pour le gouvernement qu'ils auront à exercer sur les indigènes. De là une sélection qui devra être faite avec le plus grand soin. C'est là, à coup sûr, une réforme des plus importantes que la sélection des administrateurs. Il faut que les magistrats placés sous les ordres de la France connaissent et parlent la langue des indigènes.

Il faut se préoccuper aussi de l'éducation des mandarins ; je vou-

drais pouvoir faire entrer dans l'assemblée des conseils du Gouvernement un plus grand nombre d'indigènes connaissant notre langue. Je
n'en trouve pas ; il est donc indispensable qu'ils l'apprennent ; il faut
que les classes supérieures soient rapprochées de nous, de même que
nous voulons rapprocher les administrateurs d'elles ; il faut faire faire
un pas en avant à chacune des deux parties.

Ce travail d'éducation des mandarins sera très lent et très délicat,
il ne faut pas se le dissimuler. M. Isaac disait tout à l'heure combien
tout est difficile et délicat dans ces entreprises coloniales ; actuellement, quand on cherche au Tonkin un haut mandarin parlant français, on en trouve un, un seul ! C'est toujours le même mandarin qu'on
rencontre dans toutes les commissions ; il ne change même pas
d'habits ! Il faut donc que nous formions une élite d'indigènes, de
mandarins qui puissent s'élever à la compréhension de nos idées et
entrer en relations avec nous par la parole. C'est pourquoi j'ai pensé
qu'il était bon, malgré les critiques qu'a soulevées ce projet, de créer
ces missions de mandarins dont on a parlé, de choisir les mandarins
indo-chinois les mieux notés, les plus influents, et les envoyer en France
passer six ou huit mois et partageant leur séjour en France entre les
principales villes : Paris, Marseille, Bordeaux, Lyon par exemple, car
je voudrais leur montrer la France telle qu'elle est, leur faire voir tout
ce qui fait la beauté, la richesse, la grandeur de ces villes. Je leur
montrerai notre industrie, nos productions, nos usines, toutes les
choses qui peuvent impressionner fortement leur esprit, et je suis
persuadé que cela causera entre eux une grande émulation pour
apprendre le français, afin de préparer les examens qu'ils auront à
passer. Cela aura ensuite l'avantage de permettre de sélectionner
parmi eux ceux qui montreront une ouverture d'esprit et un désir de
continuer leurs études que nous essaierons de pousser aussi loin que
nous pourrons.

Je ne fais qu'indiquer brièvement quelques-unes des réformes indis-
dispensables à la pratique de la politique.

M. Isaac s'est étendu tout à l'heure sur la question des impôts. Il
s'agit avant tout d'assurer l'équilibre budgétaire. Quand je suis arrivé
en France il y a quelques mois, on ne parlait que de suppression d'impôts ; il fallait absolument alléger les charges des indigènes. Mais je
n'ai pas tardé à me rendre compte que la Métropole n'avait pas du
tout l'intention de reprendre les anciens et généreux errements de
larges subventions et qu'il fallait plus que jamais admettre que l'Indo-
Chine continue à payer toutes ses dépenses. Sera-t-il possible d'alléger
les taxes qui pèsent sur les populations d'Indo-Chine ? Je crois que
non, car nous avons de grands travaux à faire, un outillage écono-

mique à compléter. Pour ce complément d'outillage, il faut donc prévoir non pas une diminution, mais une augmentation certaine du budget. L'Indo-Chine n'a pas été libre de choisir le mode d'impôt indirect, celui des taxes douanières, qui eût pu être préférable, l'Indo-Chine a été obligée de se retourner vers les taxes indirectes au lieu de s'adresser comme certaines colonies voisines, les Philippines par exemple, aux taxes douanières qui peuvent être perçues sans provoquer chez les indigènes aucune difficulté ni aucune vexation. Je ne fais qu'indiquer ce trait en passant, il ne m'appartient pas d'insister.

Vous le voyez, l'œuvre coloniale est complexe, difficile entre toutes et je suis particulièrement heureux des concours que je rencontre dans les compagnies telles que la vôtre, des encouragements qui m'ont été prodigués. Malgré les critiques violentes dirigées contre elles, les entreprises coloniales ont, en somme, un noble but, et je ne crois pas que la démocratie française, si généreuse, se soit jamais passionnée comme elle le fait pour l'expansion coloniale, si cette expansion n'avait eu qu'un but mercantile. Nos administrateurs comme nos colons se rendent compte du rôle que la France entend jouer dans cette nouvelle colonie, de la noble tâche qu'elle a assumée non seulement vis-à-vis des Annamites, mais vis-à-vis de tous les peuples qui ont les yeux sur nous et regardent curieusement si nous saurons être à la hauteur du rôle civilisateur que nous avons assumé.

Messieurs, je vous propose de porter la santé de M. Isaac, président de la Chambre de commerce de Lyon, je lève mon verre en l'honneur de sa compagnie. *(Applaudissements.)*

M. CHARLES-ROUX, commissaire général de l'Exposition coloniale de Marseille, s'est exprimé ensuite en ces termes :

Messieurs,

Je ne m'attendais pas à prendre la parole dans ce que vous appelez une intimité et que je considère, moi, comme une vaste réunion ; mais je vous demande la permission de vous remercier de l'occasion que vous m'offrez de vous dire combien je vous suis reconnaissant de m'avoir appelé à Lyon que je revois toujours avec un immense plaisir.

Lyon offre pour moi le spectacle rare d'une ville amoureuse de son autonomie et, dans toutes ses manifestations commerciales, industrielles, coloniales, artistiques même, elle reste lyonnaise, et par ce temps de nivellement, peut-être un peu trop général, je ne crois pas qu'il soit possible d'adresser un compliment plus flatteur à une de nos villes de France. *(Applaudissements.)*

Et puis, je dois l'avouer, cela me rappelle le bon vieux temps, cela me rappelle le moment où, à la Commission des Douanes et à la tribune de la Chambre des députés, nous combattions le bon combat avec mon ancien collègue et excellent ami Aynard et je lui exprime ici toute mon admiration pour être resté sur la brèche quand je n'ai pas eu le même courage, j'ai renoncé au combat, et je me permets de dire aux Lyonnais combien je les envie d'avoir à la tribune du Parlement un défenseur aussi habile, aussi dévoué et aussi autorisé. (*Applaudissements.*)

Maintenant, Monsieur le Président, puisque vous avez fait allusion à mon titre de président de l'Union coloniale, je vous demande la permission de me joindre à vous pour exprimer au Gouverneur général de l'Indo-Chine combien nous apprécions sa sagesse et sa prudence dans le gouvernement de la colonie qui est sous ses ordres. A l'Union coloniale, nous suivons de très près les affaires de nos colonies françaises, nous nous permettons même quelquefois d'apprécier les gouverneurs et même les ministres. Or, Monsieur le Gouverneur général, je n'ai jamais entendu dire que des choses flatteuses sur votre compte, et je suis trop heureux de me faire l'interprète de mes collègues et de vous dire combien nous sommes reconnaissants de votre intelligente et utile administration.

Et maintenant, Messieurs, il faut que je vous dise un mot de l'exposition coloniale de Marseille.

M. le Président Isaac, en m'invitant à cette réunion, m'a autorisé à prôner et à défendre l'œuvre que nous esssayons de conduire à Marseille à bonne fin et, comme toujours, c'est à Lyon que nous avons trouvé l'accueil le plus bienveillant et, j'ajouterai même, le plus efficace. Je ne peux vous donner que de bonnes nouvelles de l'exposition coloniale de Marseille ; elle s'élève avec une rapidité vertigineuse et l'Indo-Chine y brillera du plus vif éclat.

Je n'ai pas besoin de vous dire que nous avons l'intention de faire une œuvre éminemment sérieuse et scientifique, mais l'Indo-Chine nous procurera très probablement quelques agréments. Il m'a été dit, il m'a même été assuré, M. le Gouverneur me permettra cette indiscrétion, que le roi du Cambodge nous enverra ses danseuses et que, en souverain vigilant et avisé, il les accompagnerait lui-même. Vous le voyez, vous trouverez à Marseille non seulement des industries intéressantes, de grandes affaires traitées sérieusement, mais encore des délassements rares qu'il vous sera permis de contempler et qui étaient réservés jusque-là exclusivement au roi du Cambodge.

Ce que je vous demande, ce que je demande non seulement à l'industrie lyonnaise, mais à l'industrie de la région lyonnaise, je lui demande de vouloir bien participer à notre exposition métropolitaine. Nous avons un grand palais central que nous essayons de rendre digne de votre visite et qui est assez vaste pour recevoir des échantillons de tous les produits français, métropolitains, susceptibles d'être exportés aux colonies. J'espère que, grâce à l'obligeance de M. Isaac, non seulement les membres de la Chambre de commerce de Lyon, mais aussi ceux des autres villes de la région, tous seront représentés par leurs produits à notre exposition marseillaise qui ouvrira d'une façon irrévocable pour Pâques, au mois d'avril 1906.

Messieurs, comme il est fort tard, je ne veux pas abuser de votre bienveillance et, après tant d'autres, je lève mon verre à la Chambre de commerce de Lyon et aux représentants des Chambres de commerce de la région lyonnaise. *(Applaudissements.)*

M. le président Isaac a porté ensuite le toast suivant :

Messieurs,

Il est un nom que nous n'avons pas suffisamment prononcé au cours de cet entretien et qui, j'en suis sûr, est dans vos esprits et aussi dans vos cœurs: c'est celui de l'homme qui a personnifié pendant très long-temps, et personnifie encore d'une façon remarquable l'amour que nous avons pour les choses de l'Indo-Chine française et l'intérêt que nous prenons à sa prospérité, j'ai nommé notre ami Ulysse Pila.

La Chambre de commerce de Lyon serait ingrate, au moment où elle reçoit le Gouverneur général de l'Indo-Chine, de ne pas reporter une partie de l'honneur qui lui est fait à l'intervention de son collègue Ulysse Pila. Permettez-moi donc, en votre nom, de lever mon verre à sa santé. *(Applaudissements.)*

M. Ulysse Pila a répondu en ces termes :

Merci, mon cher Président, pour les paroles si bienveillantes et aimables que vous venez de m'adresser.

Vous avez bien voulu indiquer que je personnifiais parmi vous, l'esprit de l'expansion et l'amour pour les choses de l'Extrême-Orient.

En effet, dès le début de ma vie commerciale, je me suis senti amoureux de la Chine, ce grand Empire du Milieu, que j'ai visité maintes fois.

J'ai toujours eu confiance entière dans son grand avenir, dans sa transformation à nos idées européennes, toutes choses qui se réalisent aujourd'hui, et c'est un grand plaisir pour moi de le constater par tout ce qui a été dit dans cette réunion.

Vous m'avez ensuite donné le caractère colonial. Je l'accepte, et suis fier d'avoir été un apôtre de la colonisation de l'Indo-Chine au profit de la France, car qui douterait maintenant de cette nécessité d'expansion, en face de toutes les rivalités qui nous sont opposées?

On a beaucoup parlé aujourd'hui de l'art de coloniser et des nécessités « de marcher en avant » qui s'imposent, qui sont urgentes même en Indo-Chine, mais on a touché à tous les sujets et à tous les points faibles, aussi, ne me reste-t-il vraiment plus rien à dire qui n'ait été dit déjà ; à vous, Monsieur le Gouverneur général, de le réaliser maintenant.

Quand à moi je ne puis me résoudre à être toujours patient, et le colon qui attend là-bas le fruit de son travail, ne peut rester ainsi indéfiniment patient ; au surplus, pourquoi tant de patience et de temps seraient-ils nécessaires : les frais généraux courent et le pays n'avance pas.

Certes, je ne refuserai pas aux pouvoirs dirigeants de marcher avec prudence, plus même qu'on en use ; mais une fois ces précautions prises, qu'on connaît son sujet, qu'on a pacifié le pays, que les populations nous sont familières, qu'on a estimé leurs besoins, les dépenses et les ressources mieux que les indigènes eux-mêmes ne les ont jamais connues, la patience infinie n'est plus nécessaire, elle nuit même ; il faut agir, marcher, et aller de l'avant.

Vous allez peut-être me répondre, Monsieur le Gouverneur général, en invoquant la question budgétaire et le manque d'argent, mais on dépense bien plus en ne rien faisant ; puis aujourd'hui, l'argent n'est plus une question : la France a d'importantes réserves, et elle est plus familiarisée aux besoins et avec les engagements de nos colonies.

Nous avons dit tout à l'heure que l'argent était ce qui nous autorisait à prendre une place immense dans ce mouvement colossal qui se prépare en Asie : c'est le moment de le montrer.

Vous venez d'avoir, Monsieur le Gouverneur, un exemple bien encourageant de la confiance du pays en votre Gouvernement et en l'avenir de la colonie que vous administrez.

Pour un petit emprunt de 80 millions destiné à terminer le premier réseau de chemins de fer, l'épargne française vous a offert 2.400.000.000 francs. Que ne donnera-t-elle pas encore le jour où vous lui présenterez un programme de travaux pour la mise en rendement de l'Indo-Chine par l'agriculture?

Ayez confiance, Monsieur Beau, dans le succès de l'œuvre que vous avez à votre tour à entreprendre pour terminer celle de votre prédécesseur. La génération présente n'a plus le temps d'attendre avec patience, ayez de l'audace, les terres nouvelles bien préparées attireront une population nouvelle et vous procureront des recettes par lesquelles vous trouverez l'équilibre et la garantie de l'emprunt nouveau qui pourra être nécessaire.

Je lève mon verre, Monsieur le Gouverneur général, à votre excellent voyage, et au succès de tout ce qui reste à entreprendre en Indo-Chine.

M. le général DE LACROIX, gouverneur militaire de Lyon, a pris ensuite la parole en s'exprimant ainsi :

Messieurs,

Je tiens essentiellement à remercier la Chambre de commerce de Lyon de l'honneur et du plaisir très grand qu'elle m'a fait en me conviant à cette fête où se trouve l'élite des représentants du commerce lyonnais.

On a en outre, Messieurs, évoqué des souvenirs qui me sont très chers en me parlant de la campagne du Tonkin; j'en ai été un des plus modestes, mais un des plus convaincus et j'ai le droit de vous dire que ce soldat français que j'ai aimé depuis le début de ma carrière, que j'ai toujours trouvé fidèle à sa mission, plein d'abnégation, de courage et de confiance, j'ai vu au Tonkin ce qu'il était. J'ai vu ce petit soldat français marchant, la tête haute, sans baisser le front, sans tirer un coup de fusil, à la conquête des forts chinois, et les enlever. J'ai vu leur confiance et leur abnégation ; et quand on a parlé des Japonais et des Russes pendant la campagne de Mandchourie, je puis vous assurer que les Français en feraient tout autant, sinon plus. J'ai confiance dans notre race, dans le soldat français que je connais, parce que je l'aime.

Permettez-moi ce soir, après tant d'autres et d'une façon moins éloquente, de porter la santé de notre cher Président et de la Chambre de commerce de Lyon. *(Applaudissements.)*

M. le président Isaac et M. Beau, gouverneur général, se sont ensuite levés et, accompagnés des autres invités, se sont rendus dans les salons de la Chambre où la réception s'est prolongée jusqu'à dix heures et demie.

Séance du 7 Décembre 1905

Dans la séance du 7 décembre 1905 où se trouvaient réunis :

M. Auguste ISAAC, *Président ;*

M. Jean COIGNET, *Vice-President ;*

MM. E. PAYEN, P. MOLLARD, Et. TESTENOIRE, Ulysse PILA, Achille LIGNON, A. TESTE, F. FERRAND, LYONNET, GUENEAU, J. GILLET, Martial PAUFIQUE, F. RICARD, G. CHAMBEYRON, *Trésorier*, et P. VINDRY, *Secrétaire ;*

M. Ulysse PILA, *Président de la Commission de colonisation* a présenté au nom de cette Commission le rapport suivant :

Messieurs,

Dans la brillante réception que notre Chambre de commerce, suivant sa tradition, s'est appliquée à offrir à M. P. Beau, Gouverneur général de l'Indo-Chine, je me suis efforcé, comme je l'avais fait pour ses devanciers, M. de Lanessan et M. Rousseau, de lui exposer nos vues sur la situation présente de notre belle colonie de l'Indo-Chine, sur ses besoins et sur les perspectives de son avenir.

J'ai donc, à quinze années de distance, répété à M. Beau ce que j'avais déjà exposé en 1890, savoir :

Que la plus grande richesse de l'Annam et du Tonkin consistait dans la densité de la population et dans la fertilité de son sol arrosé de très nombreux cours d'eau.

Mais que, terrorisée par des incursions séculaires de barbares, pressurée par l'inquisition et par le vol, écrasée d'impôts, sa population s'était abandonnée, avait perdu toute initiative, toute ambition, se contentant uniquement de vivre très chétivement.

Que, dès lors, le premier devoir à remplir par la domination française était de rétablir la paix, de rassurer les populations, de leur donner une justice égale pour tous, une équitable répartition des charges.

J'ai exprimé l'avis qu'il importait de réveiller le plus promptement possible ce peuple endormi dans sa torpeur, de stimuler son ambition, de le pousser à défricher ses terres, de lui en donner d'autres, de répartir les cultures, de perfectionner le paysan dans son métier de culivateur en créant des Sociétés d'agriculture pourvues de professeurs compétents pour l'analyse des terrains, et capables de déterminer les produits les plus propices et les fumures à employer. Cette œuvre serait réalisée avec le concours des Conseils des Notables de chaque province et de chaque village qui auraient pour mission de faire exécuter les mesures prises, d'encourager, de faciliter, par tous les moyens possibles, l'accroissement et la répartition des cultures; enfin, il serait créé des concours entre provinces, concours suivis de distributions de récompenses et de primes attribuées aux récoltes les meilleures et à celles donnant le plus de produits.

J'exposais que ce programme ne constituait pas des innovations, qu'il suffirait d'imiter ce que les Hollandais, les premiers colons du monde, avaient fait à Java; ce que les Anglais, les hommes les plus pratiques, faisaient aux Indes et dans toutes leurs colonies; ce que les Américains commençaient à pratiquer aux Philippines.

J'estimais, en un mot, que la première chose à faire était de prendre en main le développement du paysan, qui est la vraie richesse de l'Indo-Chine, et de lui apprendre à tirer du sol le plus grand rendement possible en produits divers; car à côté du riz, qui est la culture primordiale, nationale, familiale, traditionnelle, au fond, la plus riche, de toutes pour l'indigène du Delta, d'autres cultures variées, riches elles aussi, peuvent être pratiquées simultanément dans d'autres régions restées incultes jusqu'ici; telles sont le coton, la soie, le pavot, le manioc, le maïs, le ricin, le tabac, les plantes textiles, les essences aromatiques, les cannes à sucre, etc., etc...

Mais comment arriver à ce résultat?

Le paysan annamite et tonkinois est, sans aucun doute, un cultivateur excellent, mais il est en même temps routinier et nonchalant, et il est à craindre qu'il ne créera rien par lui-même, et qu'il persistera dans ses vieilles habitudes : ses ancêtres ont cultivé du riz pour leur nourriture, du riz encore il continuera à produire et en même quantité. Il est donc nécessaire que l'Etat intervienne, instruise ce paysan, le dirige, l'amène progressivement à augmenter sa production, à modifier ses méthodes: pour ce paysan, c'est une question, « *to be or not to be* », d'avenir.

Dans les quinze années passées dont je parle, il n'a été à peu près rien fait dans cette voie ; il semble que l'Administration de la colonie ait été trop exclusivement absorbée par la construction des chemins de fer qui aurait dû être conduite parallèlement avec les réformes agricoles reléguées à tort au second plan. Alors m'adressant avec plus d'instance encore à M. Beau, notre hôte d'hier, je lui ait dit qu'il lui incombait de regagner sans délai le temps perdu en mettant en tête du programme des travaux une organisation agricole raisonnée, que pour cela il fallait, sans tomber dans les excès du fonctionnarisme, créer des bureaux d'agriculture, des écoles d'agriculture, comme il en existe ailleurs, assurer les irrigations, construire des digues, faire des routes, relier les canaux entre eux. Alors, comme dans les Détroits, comme à Java, comme dans les Indes et les Philippines, que je ne cesse de prendre pour modèles et pour exemples, on verra la population du Tonkin mieux se répartir avec la formation de nouvelles agglomérations, des cultures s'étendre et se multiplier, des industries nouvelles s'implanter.

Si la réalisation de ce programme entraîne des nouvelles dépenses de premier établissement, on peut les demander au pays.

Voilà, Messieurs et chers Collègues, ce que j'ai exposé à M. le Gouverneur général, y ajoutant un rapport spécial sur la sériciculture en Annam et au Tonkin, et après avoir parlé des richesses du pays, du paysan indo-chinois à instruire, des méthodes à adopter pour le faire mieux travailler et lui permettre de tirer plus grand parti de son sol, j'ai appelé sur le colon européen toute la sollicitude et la bienveillance de l'Administration.

Car le colon sérieux, transporté si loin, souvent avec sa famille, une fois qu'il a fait ses preuves, représente une valeur bien supérieure à celle des capitaux qu'il a apportés avec lui, qu'il a souvent enfouis dans le sol ou dans d'autres entreprises naissantes, où, mal avisé, il a rencontré des déconvenues. Dans ce cas, le colon, trop confiant, inexpérimenté, a compromis non seulement ses capitaux, mais encore sa valeur propre ; il est légitime, suivant moi, que l'Etat, que je n'ai jamais eu la pensée de transformer en distributeur bienfaisant de la fortune publique, vienne à son aide. J'estime que, si des travaux de route, de viabilité lui sont utiles pour l'amélioration de son entreprise, l'Etat les lui doit ; il doit aussi le guider en lui fournissant tous renseignements utiles, le protéger et l'aider à trouver un sillon nouveau, et telle serait la mission des bureaux d'agriculture qui le mettraient sur la bonne voie. En un mot, tout colon honnête et travailleur ne devrait jamais être conduit à revenir de notre colonie de l'Indo-Chine, faute de moyens de travail.

A toutes ces suggestions, M. le Gouverneur de l'Indo-Chine a fait la réponse que vous avez entendue le 28 octobre dernier.

Le patronage des colons ou la direction des cultivateurs indigènes entraînent des difficultés et des responsabilités qui l'inquiètent.

Nous n'avons cependant rien demandé qui n'ait été expérimenté par d'autres Etats comme je viens de vous le dire, ou même pratiqué par le gouvernement de l'Indo-Chine lui-même. J'ai sous les yeux un arrêté pris à Hanoï le 16 septembre dernier par le Résident supérieur au Tonkin et visant des primes promises aux colons français pour les cultures du café, du thé, du coton à longue soie, de l'indigo, du jute, de la ramie, etc., etc. Il ne s'agit que d'élargir ce système d'encouragements et de l'étendre aux indigènes eux-mêmes, mais en l'appuyant sur un système d'enseignement par la parole et par l'exemple dont il serait la consécration.

La situation ne permet plus d'hésitations ni d'atermoiements.

Nous sommes, Messieurs et chers Collègues, en face de la plus belle et la plus riche de nos colonies, d'une colonie pleine de promesses pour l'avenir et qui, par son voisinage avec le grand Empire du Milieu, nous permet de remplir en ce moment le rôle politique que je me suis permis de vous exposer dans la première partie de mon rapport.

Aussi, Messieurs et chers Collègues, je viens vous prier très instamment de prendre dans vos mains la défense des intérêts de nos concitoyens, si nombreux là-bas, et de faire de notre Chambre la protectrice des industries et des cultures qui pourraient devenir l'objet de notre commerce.

Si, pour atteindre les résultats que nous convoitons le plus vite possible (car le pays ne peut plus attendre), des capitaux nouveaux sont nécessaires, plus spécialement pour l'organisation agricole à laquelle j'ai fait allusion, cela ne saurait être un obstacle, car plus qu'il y a cinq ans, bien plus qu'il y a six mois, l'Indo-Chine représente pour la France une valeur infiniment supérieure à la garantie nécessaire.

Il ne se passe pas de jour où des pays secondaires d'Europe et de l'Amérique (Serbie, Brésil, Argentine, Bulgarie, Roumanie, Bahia et Parana) ne viennent emprunter chez nous pour les besoins de leur agriculture et de leurs voies de communication, par l'entremise de nos grands établissements, et nous nous désintéresserions de la mise en valeur de notre propre domaine colonial !

Il y a un an à peine, l'Indo-Chine songeait à un emprunt de 120.000.000 pour garantir sa sécurité, véritable emprunt de guerre ; aujourd'hui que la paix est assurée, il n'est plus question de trouver de l'argent pour cette destination, mais il faut en trouver pour une autre fin, et je me hâte de dire que la somme ne doit pas être aussi importante. Il s'agirait, en effet, d'un emprunt de paix et de travail, et, pour ce bon motif de la fortune publique, la somme nécessaire ne doit plus être aussi importante. Il faut donc trouver de l'argent pour les voies de communications agricoles, pour les travaux de protection du sol cultivé contre les inondations périodiques ; il faut en trouver aussi pour l'organisation des bureaux d'agriculture. Dans ce dernier ordre d'idées, on peut faire beaucoup de choses avec des crédits relativement modestes. Il ne s'agit que de s'y prendre avec intelligence et application.

Quand bien même la garantie d'une partie de cet emprunt nouveau devrait être à la charge de la métropole, nous sommes convaincus que celle-ci n'y perdrait rien ; elle retrouverait en peu d'années, par la plus-value de son domaine colonial, la valeur de son sacrifice.

Si vous le pensez ainsi, Messieurs et chers Collègues, je me permettrai de solliciter de votre haute sagesse l'adoption de mes propositions, en vous demandant de les exprimer sous la forme de vœux qui seraient recommandés aux pouvoirs publics.

Ce rapport entendu :

La Chambre de Commerce de Lyon, à l'unanimité, émet le vœu :

1º Que, parallèlement à la construction d'un réseau de chemins de fer en Indo-Chine, l'amélioration de l'agriculture, qui apportera à ces voies ferrées les principaux aliments de leur trafic, soit poursuivie d'après un programme d'ensemble ;

2º Que ce programme comporte notamment :

a) L'établissement de digues qui garantissent les cultures contre les inondations, la construction de canaux et de routes qui facilitent la circulation des produits, et autres travaux publics d'intérêt général incombant naturellement à l'Etat ;

b) L'organisation d'un enseignement agricole par la création d'écoles, de champs d'expériences et de sociétés d'agriculture qui auraient pour mission de fournir aux indigènes et aux colons européens tous les renseignements nécessaires sur la composition du sol et sur les cultures qu'il conviendrait d'étendre ou d'implanter de préférence, à côté de la culture traditionnelle du riz, afin de créer ainsi un mouvement d'exportation qui deviendrait une source de richesses pour les colonies ;

c) Des encouragements de diverses natures, tels que des primes ou des exemptions partielles ou totales d'impôts au profit des indigènes ou des colons qui, sur les conseils des écoles ou sociétés d'agriculture, auraient accompli des défrichements ou implanté de nouvelles cultures. Au moins à l'origine, une partie ou la totalité des impôts fonciers pourrait même être remplacée par des redevances payées en nature, comme encouragement aux cultures nouvelles dont le débouché ne serait pas suffisamment certain pour les producteurs.

En ce qui concerne en particulier l'extension de la sériciculture et de la filature de la soie, qui intéresse spécialement l'industrie lyonnaise et qui pourrait, au premier chef, devenir une des grandes productions de l'Indo-Chine, sans faire une concurrence réelle à la sériciculture française, les soies indo-chinoises étant d'une nature toute différente des soies de France,

La Chambre de Commerce de Lyon,

Se ralliant aux vues exposées par M. Ulysse Pila, exprime le vœu :

Que la régénération et l'extension de la sériciculture soient demandées non pas à l'introduction de races annuelles de vers à soie d'Europe, mais à l'éducation rationnelle et méthodique des races indigènes polyvoltines sélectionnées, d'après le système Pasteur, dans des stations séricicoles locales ;

Que des graines de vers à soie ainsi sélectionnés soient distribuées par les soins de ces stations avec les instructions nécessaires ;

Que la plantation de mûriers dans les terres propices à cette culture soit favorisée par des encouragements spéciaux, tels que primes diverses, remises partielles ou totales des impôts des sériciculteurs, paiement en cocons de ces impôts, etc. ;

Enfin, que l'installation de petites filatures familiales soit encouragée par les mêmes moyens, au moins pendant la période de début.

La Chambre décide que ces vœux, précédés du procès-verbal de la séance du 28 octobre 1905 et du rapport présenté par M. Pila dans la séance de ce jour, seront imprimés et adressés a M. le Ministre des Colonies, à M. le Ministre du Commerce, à M. le Ministre des Finances et à M. le Gouverneur général de l'Indo-Chine.

Pour extrait conforme

Le Secrétaire-Membre de la Chambre

P. VINDRY.

Lyon — Imp. A. Rey et Cⁱᵉ, 4, rue Gentil. — 40861.